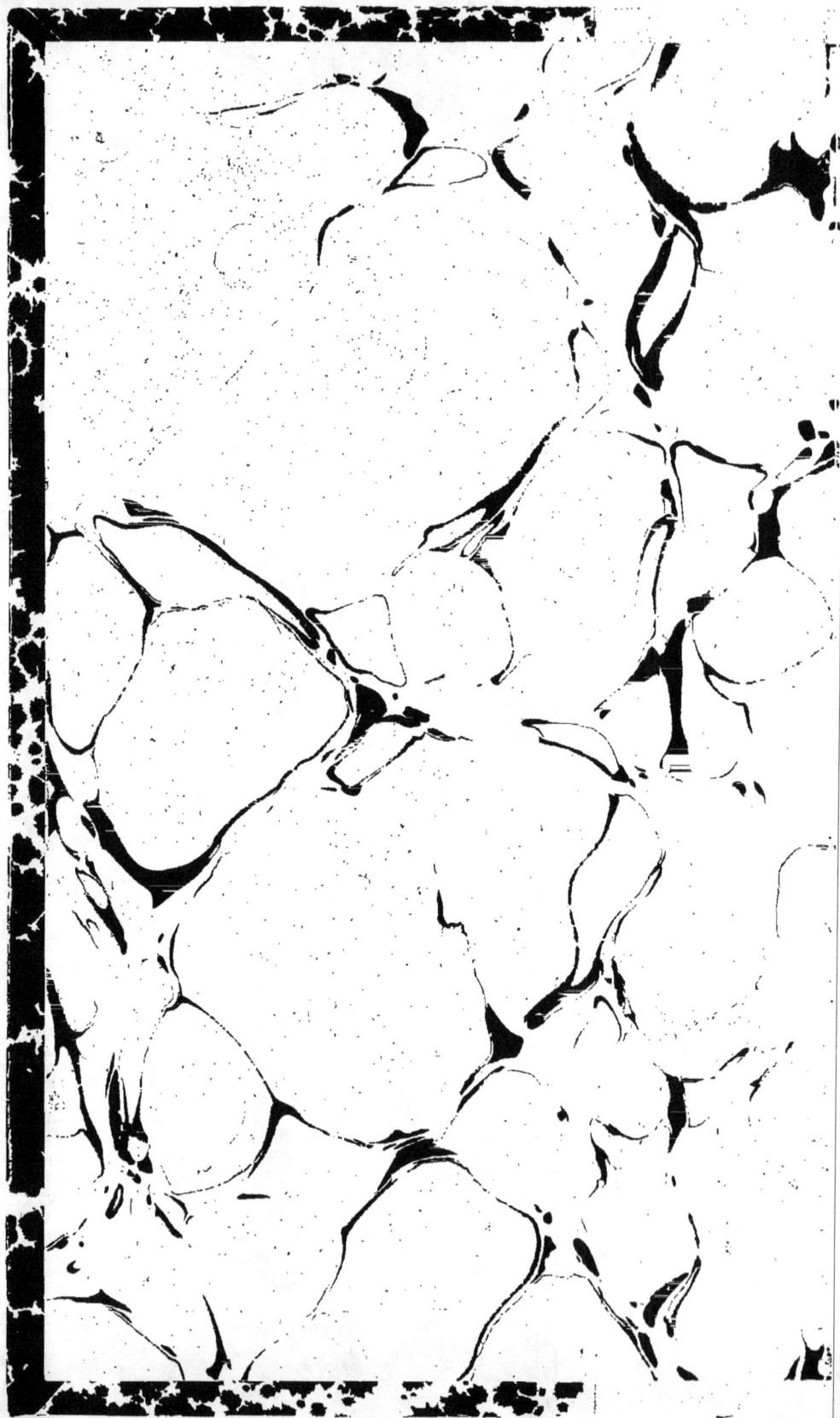

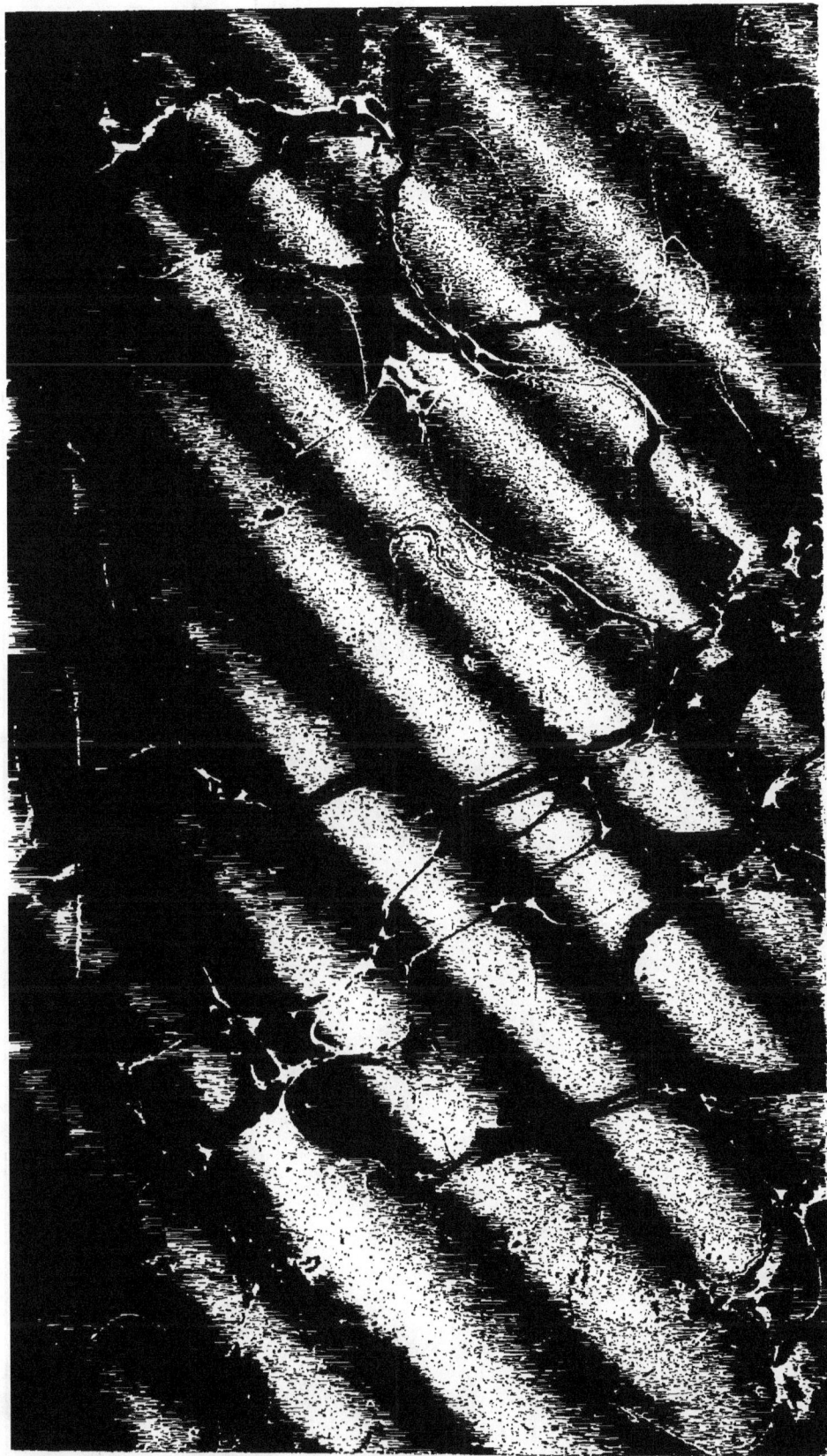

I. BOULANGER

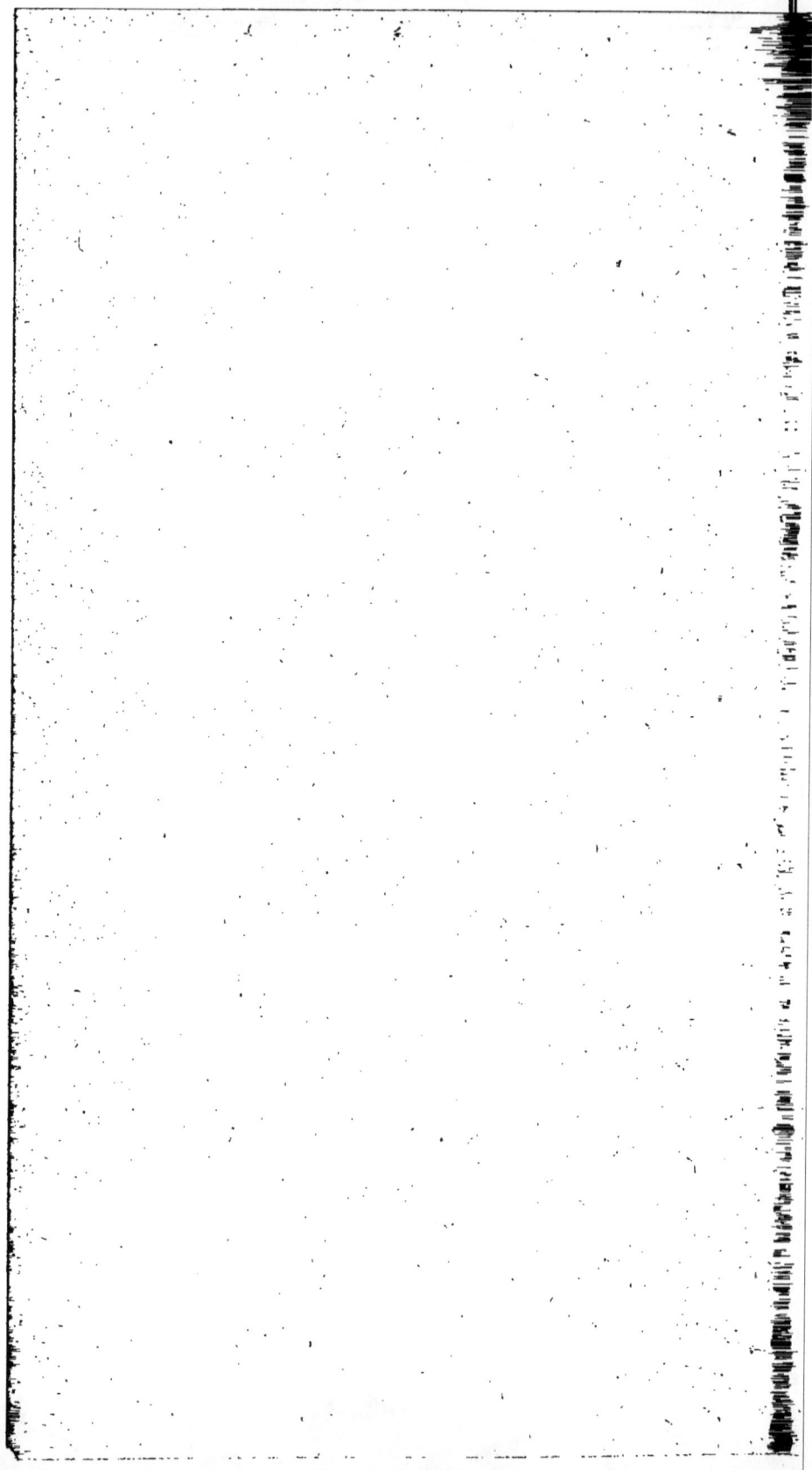

UN PÈLERINAGE EN 1848

PARIS-AUTEUIL

IMPRIMERIE DES APPRENTIS CATHOLIQUES

Rue La Fontaine, 40. — ROUSSEL.

UN PÈLERINAGE

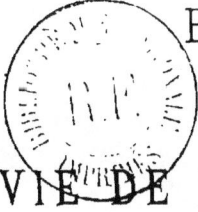

EN 1848

ou

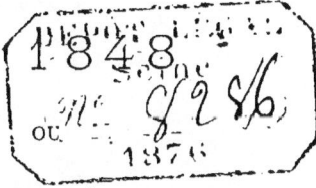

VIE DE L'ABBÉ BRULLON

PAR LE

R. P. PHILPIN DE RIVIÈRES

de l'Oratoire de Londres

Ut quid perditio hæc?
Matth , XXVI, 8.

~~~~~~

PARIS

LIBRAIRIE DES LIEUX-SAINTS | RENÉ HATON
12, *rue Varin.* | 33, *rue Bonaparte.*

—

1876

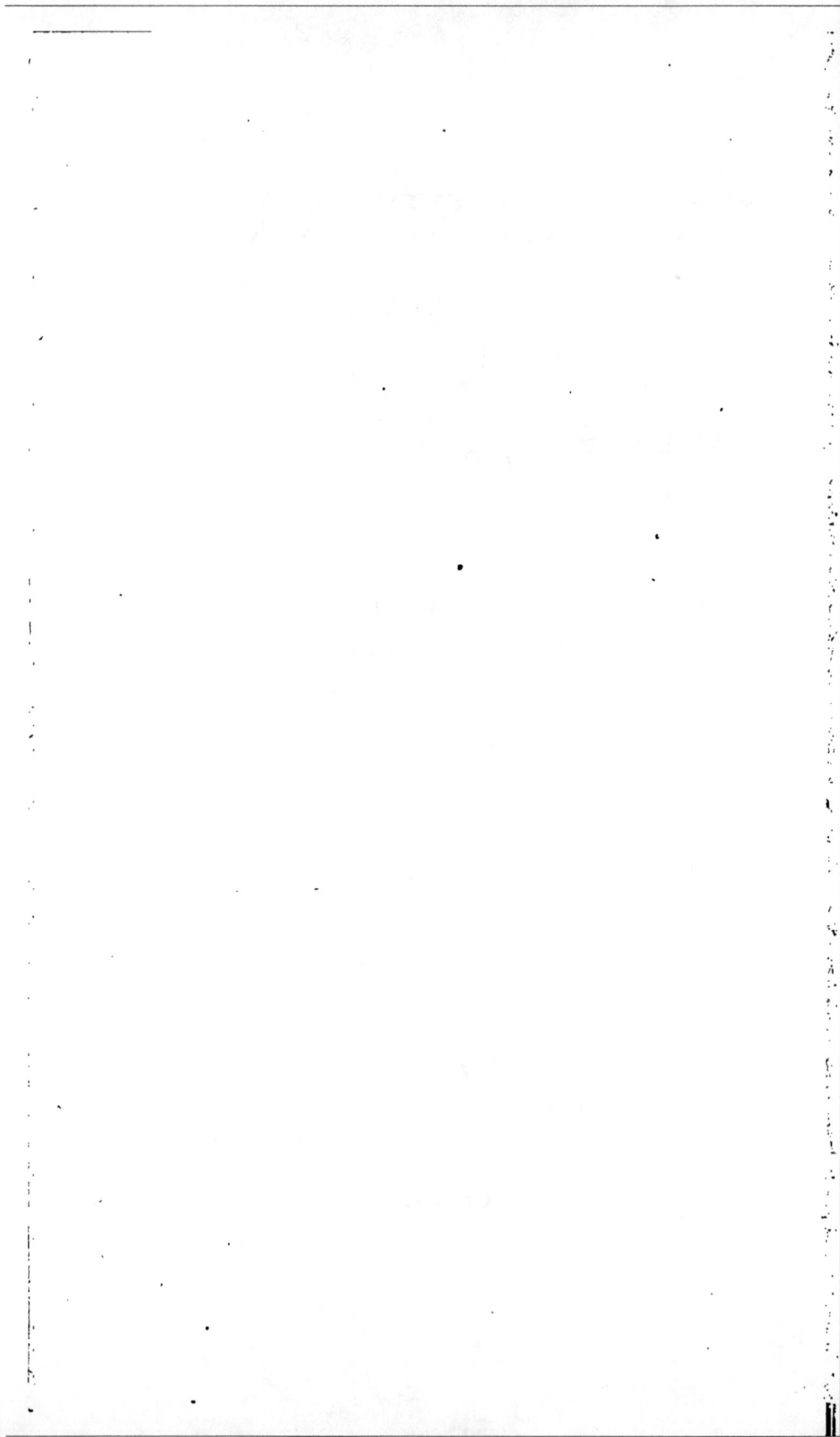

AU LECTEUR

L'abbé Brullon, jeune prêtre du diocèse de Langres, n'a presque fait que passer dans le sacerdoce, et maintenant son nom est presque oublié, comme sa tombe est perdue dans un des cimetières de Paris. Sa vie, écrite depuis vingt ans, est restée entre nos mains, par suite de différents obstacles. Cependant nous savons que la destinée du juste est d'être en éternelle mémoire, et nous croyons utile et édifiant de rompre le silence.

Comme réaction contre les tendances matérialistes et savamment terrestres de notre âge, l'Eglise a fait refleurir de nos temps une des dévotions les plus poétiques des temps chevaleresques. Les pèlerinages sont redevenus populaires. Au fond, ils présentent à notre amour et à notre extase les mêmes objets qui attiraient nos ancêtres. S'ils sont plus faciles et moins dangereux qu'autrefois, ils offrent plus d'intérêt que jamais au point

de vue de la science, de la philosophie chrétienne et des questions d'avenir.

La vie de l'abbé Brullon, plus que bien d'autres, fut un pèlerinage; elle se résume en un
pèlerinage d'un type spécial, qui tient au moyen
âge par son ardeur austère et sa pauvreté, et qui
fut médité et accompli par un prêtre pieux et
intelligent du XIXᵉ siècle. Aussi l'intérêt de
la narration est-il moins dans la science
topographique et les descriptions que dans la
personnalité intime, dans la piété et l'esprit
sacerdotal du voyageur.

C'est ce qui nous a décidé à citer, dans leur
étendue, certains détails de retraites et de vie
intérieure plus propres à édifier le lecteur qu'à
satisfaire une curiosité profane. Nous n'avons
pas, non plus, cherché à déguiser par-ci par-là
quelques points d'exagération, quelques mots
qui sentent l'enflure. C'est un trait de caractère qui tient à la jeune et forte sève de cette
belle âme que nous représentons telle que
nous l'avons aimée, telle qu'elle nous a aimé
et édifié.

PHILPIN DE RIVIÈRES.

Fête de la Compassion, 7 avril 1876.

UN PÈLERINAGE EN 1848

ou

VIE DE L'ABBÉ BRULLON

CHAPITRE PREMIER

ENFANCE ET PREMIÈRES ÉPREUVES

Claude-Casimir Brullon était né le 13 novembre 1818, à Dinteville, dans le diocèse de Langres. Son père était un soldat de l'empire, rentré au village avec ses souvenirs et son honneur militaire pour toute richesse, et ses bras pour ressources. Il était habile dans son état de menuisier, et se

nommait Joseph. Son épouse partageait ses habitudes de travail et de probité, et se nommait Marie.
Dieu se réservait plus tard de donner plus de soli-
dité à ces ressemblances avec la sainte Famille, et
voulut que leur fils dût la grandeur de sa vocation
à sa grâce plutôt qu'à leurs soins. Leur éducation
chrétienne se sentait du malheur des temps,
et celle de leur premier-né dut nécessairement en
avoir le contre-coup. L'enfant était doué d'une intelligence vive et précoce, d'un cœur sensible et impressionnable, et d'une mémoire telle qu'il se souvenait en
détail du rude apprentissage de fatigues et de pauvreté qu'il avait dû faire dès l'âge de deux ans.
« A la naissance de mon premier frère, » disait-il,
« je fus obligé d'aller passer les nuits chez les
» parents de ma mère, à une grande distance de
» notre demeure, et je me souviens parfaitement
» de ces courses nocturnes, que je faisais presque
» toujours seul, ce qui préludait à une des particu-
» larités les plus frappantes de ma vie. »

L'année suivante, on l'envoya à l'école, comme
cela se fait au village, pour se débarrasser de lui ;
mais, dès lors, il montrait un grand désir d'apprendre, et l'assiduité en classe ne fut jamais une
peine pour lui.

La classe ne se faisait à Dinteville que pendant
les mois d'hiver, et l'on ne tarda pas à l'envoyer
au village voisin, où l'école se continuait plus long-

temps. Chaque jour, le pauvre enfant s'acheminait avec son petit sac de toile renfermant son livre et le pain de la journée.

A cette époque, la paroisse de Dinteville n'était desservie que par un vieux prêtre presque aveugle, qui venait d'un village voisin célébrer à la hâte les offices du dimanche. C'est assez dire qu'à part la récitation des prières, l'enfant avait peu entendu parler de religion.

La Providence se servit des dangers mêmes où son innocence fut exposée pour l'amener à une connaissance plus éclairée des choses divines.

« Dès le premier éveil de ma raison, » disait-il dans les épanchements de l'amitié, « le démon s'était efforcé de souiller mon âme et mon cœur; mais, parce qu'il s'était attaqué à une victime trop tendre, le bon Dieu en a eu pitié. » Pendant les moments de récréation, les jeux et les habitudes de ses camarades de classe, sortis pour la plupart des usines du voisinage, ne lui allaient nullement. L'idée lui vint de se créer une autre compagnie; et, comme il avait entendu les enfants de la section supérieure, lire les combats de Josué et de David, l'ambition lui vint de lire, lui aussi, la Bible de Royaumont. Après bien des jours d'hésitation, il s'arme de courage, et va demander en tremblant au vieux et terrible maitre d'école, la permission de lire dans le beau livre. La faveur fut accordée;

et, depuis ce temps, la récréation fut plus désirée que jamais par le petit écolier, qui, dès l'instant où les autres s'élançaient à leurs jeux, se hâtait de grimper sur les tables pour atteindre le précieux volume. Il lut avec avidité ces pages choisies des Livres saints, qui l'initièrent à la crainte et à l'amour de Dieu ; et il atteignit ses neuf ans sachant bien lire et écrire, et ayant une connaissance plus approfondie de la religion que ne l'ont ordinairement les enfants de la campagne à cet âge.

Son père, discernant en lui quelque aptitude, eut l'idée de le mettre en pension pour étudier ; mais il le retira au bout de quelques jours, se trouvant dans l'impossibilité de payer. Ceci entrait dans les desseins de la Providence, qui lui destinait une science et des maîtres d'un ordre plus élevé. Voici, en effet, ce qui arriva.

Il était très-exact à servir la messe et très-curieux de cette fonction. Pour ne pas laisser prendre la place à d'autres, il courait au premier coup de la cloche, et arrivait tout essoufflé quand elle sonnait encore. Or, un certain jour du mois de septembre 1827, M. le curé sonne pour un enterrement d'enfant, et Casimir d'arriver avec son empressement ordinaire. L'instituteur se faisant attendre, le pasteur se tourne vers le petit enfant aux yeux noirs et intelligents, qui se trouvait près de lui, et, prenant son rituel, il lui demande à tout

hasard s'il sait lire. — Oui, monsieur. — Voyons
cela. — L'enfant s'en tire avec assurance, et le
curé satisfait l'emmène ; et la récitation des
prières qui accompagnaient au ciel l'âme innocente,
s'achève sans une seule faute de la part du petit
choriste. Au retour, et avant de quitter l'église, le
curé, discernant sans doute en lui le signe du
sacerdoce, lui demande s'il ne serait pas content
d'être prêtre. La réponse affirmative ne se fit point
attendre ; et si l'enfant comprenait peu l'engagement qui lui était proposé, Dieu l'accepta néanmoins, et se chargea de le mener à bonne fin.
— C'est bien, reprend le curé, tu demanderas
toi-même à tes parents, et s'ils y consentent, je te
procurerai un rudiment et te donnerai des leçons
de latin.

Une douce et mystérieuse émotion s'empare du
cœur de l'enfant, qui, le soir arrivé, s'empresse de
faire part à ses père et mère de ce qui s'est passé.
Ils consentirent sans espérance de succès et
presque sans réflexion, et s'ils firent quelques
démarches, ce fut pour s'assurer près du pasteur
que les leçons seraient gratuites.

C'était une chose assez étrange que cette éducation cléricale commencée dans des conditions
aussi défavorables par un vieillard de 65 ans,
vivant à une lieue de distance, chargé de deux
paroisses et préoccupé d'affaires temporelles qui

demandaient de fréquents voyages. Cet homme
robuste et dur à lui-même ne songea pas même à
offrir la douce hospitalité de la cure. Tous les
dimanches, même en hiver, devant faire deux lieues,
célébrer deux messes, prêcher deux sermons et
faire un catéchisme dans la matinée, il sortait de
chez lui une demi-heure plus matin, pour donner
la leçon de rudiment dans une sacristie glacée,
sans songer à ses souliers couverts de neige.

Les autres jours de la semaine, c'était le tour
de l'enfant d'aller dans l'autre village, recevoir ses
quatre ou cinq leçons.

Du reste, le petit étudiant travaillait où il pouvait,
la plupart du temps chez l'instituteur, où il trouvait
moins de distraction.

Le 4 avril 1830, il fit sa 1re communion, communion d'enfant simple et pieux, sans aucune
circonstance extraordinaire. Mais pendant la
semaine qui suivit, Dieu, qui voulait travailler cette
âme par la croix, permit qu'elle fût accablée de
scrupules et de peines intérieures, tels que la santé
du corps en fut sérieusement compromise.

Cet orage était à peine passé, et l'enfant se
réjouissait de la perspective prochaine de son
entrée au petit séminaire de Langres, lorsqu'une
tempête bien autrement terrible vint renverser tous
les projets. Ce n'était rien moins que la révolution
de juillet. Cependant le petit Casimir ne laissa pas

que de s'acheminer, au mois d'août, seul et à pied, pour aller demander une place au foyer des enfants du sanctuaire. Après une nuit de repos à l'hôtellerie, il fut présenté au supérieur par un vieux chanoine à qui on l'avait recommandé, et fut inscrit sur la liste des postulants. Mais, dans l'intervalle qui précédait la rentrée, les esprits s'inquiétèrent de plus en plus; la guerre et les troubles semblaient imminents, et les bourses sur lesquelles on pouvait compter se fermèrent. Il fallut rester au village, en attendant de meilleures circonstances.

Cependant le père, voyant son fils grandir et se fortifier, lui demandait de petits services, chaque jour plus fréquents. Les études en souffrirent; si bien que, pendant l'été, les leçons se trouvèrent interrompues comme d'un commun accord entre le curé et son élève. L'uniforme de garde national et l'office de tambour achevèrent de transformer le jeune apprenti, et de faire oublier le séminariste.

Malheureusement la piété fut négligée aussi bien que les études. Pendant ces années où les passions s'éveillent, il se trouva lancé dans la vie du peuple, au milieu d'une multitude d'exemples pernicieux. Plus tard, il regardait cette époque comme la plus malheureuse de sa vie, et ne s'en souvenait qu'avec amertume. Est-ce à dire qu'il soit tombé dans de grands écarts? Je ne le pense

pas; et ses gémissements à cet égard ressemblaient
à ceux que nous voyons décrits dans la vie de la
B. Marguerite-Marie et de beaucoup d'autres, qui,
dans les moments mêmes où ils étaient le plus
infidèles à la grâce, ne laissaient pas que de répandre autour d'eux la bonne odeur de leurs vertus.

En tout cas, dans tout le reste de sa vie, tout en
reconnaissant son ingratitude, il bénissait la main de
Dieu, qui, le destinant au sanctuaire, n'avait pas
permis qu'il s'enfonçât dans l'abîme, mais, le maintenant comme à fleur d'eau, l'avait empêché de
tomber dans ces fautes qui sont comme un engagement dans le vice.

Sa vie laborieuse, à elle seule, eût en grande
partie suffi à le préserver. Il était constamment sti-
mulé par la pensée d'aider ses parents à acquitter
les dettes contractées pour subvenir aux besoins
d'une famille devenue plus considérable. Son père,
d'ailleurs, tout en appréciant les habitudes de travail et d'économie de son fils, ne songeait guère à
adoucir pour lui ses manières d'ancien soldat.

Des fatigues excessives font nécessairement perdre le goût de l'étude et de la lecture, et les récréations deviennent alors un impérieux besoin. D'ailleurs Casimir avait lu tout ce que le village possé-
dait d'almanachs, de romans, de bouquins dépareil-
lés et de livres de religion. Il n'avait omis que les
obscénités.

Il oubliait donc ses saintes aspirations d'autrefois, et n'y pensait plus. Cependant il y avait au fond de son âme un gémissement secret, et des besoins qu'il ne pouvait étouffer. Son intelligence, éveillée par l'étude, demandait d'autres aliments que les conversations et les divertissements de la plupart des jeunes gens de son âge; aussi ses instants de loisir se passaient-ils dans des promenades solitaires avec un ou deux camarades qui partageaient ses goûts, et qui semblent les avoir perpétués dans le village. On supposait, toutefois, que la cessation de ses études serait, comme pour tant d'autres, le prélude d'une conduite déréglée, et que les passions se déchaineraient avec une impétuosité d'autant plus grande qu'elles avaient été plus comprimées. Humainement parlant, il devait en être ainsi; et déjà le feu latent se décelait par un ton plus dur et plus impérieux, et par la fierté des regards. Mais la main de Dieu était là.

On venait de terminer les moissons de 1834. Tout était dans la paix et l'abondance, même la famille Brullon, enfin délivrée de ses dettes. Tout le village se préparait à passer l'hiver dans la folie et l'oubli de Dieu. Mais ce fut dans cet hiver de péché que la main du Seigneur conduisit son élu dans la solitude, pour le ramener à lui.

Son père, se trouvant peu pressé d'ouvrage, l'envoya travailler ailleurs. Son nouveau maitre,

assez bon chrétien, mais peu habile et mal monté,
l'emmena travailler aux réparations d'un vieux
château isolé à six lieues de distance. Là, souffrant
du froid, de la fatigue et de la mauvaise nourriture,
il priait Dieu avec simplicité de l'aider « à bien
joindre ses planches. »

Il y avait dans les métairies dépendantes du
château quelques jeunes personnes, dont la simplicité apparente et l'isolement eût pu devenir un
écueil d'autant plus dangereux qu'il était moins
soupçonné. Un jour donc qu'un de ses compagnons
se faisait une fête de l'introduire dans cette société,
il remarque en passant la vieille chapelle du château, dont le portail se montrait entre deux ifs. Les
deux camarades l'ont bientôt visitée et sortent
ensemble, mais Casimir hésite sur le seuil; il veut
prier encore; voyant son camarade entré dans la
métairie, il se remet à prier et passe la soirée
seul. Depuis ce jour, la Providence lui ménagea
toujours quelque obstacle plus ou moins involon-
taire, et il n'entra point dans cette maison. Au
milieu de son isolement et de ses fatigues, il sentit
s'élever dans son âme quelques regrets de sa vocation première; mais, sur ces entrefaites, rappelé
par son père, il se retrouva au milieu de dangers
anciens et nouveaux. Un jeune curé venait de
prendre possession, et Casimir balançait entre
l'accomplissement du devoir pascal et la tentation

de profiter de la circonstance pour se livrer
au monde plus que jamais. La lutte devait être
décisive.

Le lundi de Pâques, après un travail pénible à la
forêt, il rentrait calme et satisfait d'avoir remporté
quelques victoires sur lui-même : il trouva sa
famille toute préoccupée de la visite d'un monsieur de Langres qui avait chaudement soutenu
qu'on ferait bien de lui faire reprendre ses cours.
Personne ne se doutait de ses luttes intérieures;
mais sa régularité, ses goûts de solitude et son
caractère parfois mélancolique faisaient penser à
ses proches qu'il n'était pas fait pour la vie ordinaire, et qu'il regrettait ses premiers projets. Un
de ses oncles lui demanda s'il ne serait pas bien
aise de les reprendre. Il accepta de nouveau, sans
hésiter, mais avec un mélange de joie et de tristesse venu des profondeurs de son être; car, s'il
est vrai que la grâce de Dieu avait dit *Oui*, il n'en
sentait pas moins une forte opposition dans le fond
du cœur.

La question du devoir pascal se trouvait par
contre-coup résolue. Il fallut rompre la glace avec
le jeune pasteur : grâce à ses bons soins, cette
Pâque fut une vraie délivrance, et plus fervente
que celle des années précédentes.

Cependant, pour ce qui regarde les études, personne n'était pressé de mettre la main à l'œuvre.

Le père de famille sentait qu'il faudrait se priver d'un aide utile et s'imposer des sacrifices. La mère était plus généreuse, et son amour était plus désintéressé; mais elle n'était point fâchée d'attendre. Quant au jeune homme, il sentait maintenant qu'il était question d'une immolation complète et sans réserve; il ne voulait pas faire les choses à demi; mais il frémissait à l'idée de rompre avec la vie qu'il s'était faite, et s'excusait de ses délais, sous prétexte de la gêne qu'il imposerait à sa famille.

Enfin, un jour, le jeune pasteur se présente à l'atelier, et l'occasion aidant, le père parle d'une reprise d'études pour son fils. Le bon prêtre applaudit au projet, et aplanit les obstacles en s'offrant à donner les leçons gratuites, laissant à son élève les deux tiers de son temps pour le travail des mains.

Un dimanche, dernier jour de mai 1835, notre jeune homme partit pour aller recevoir le programme de ses premières leçons. Combien, cette fois, il allait lentement à gravir les hauteurs qui séparaient Dinteville du village où résidait le curé! Combien de fois il se retourna pour entendre encore le bruit des divertissements, qui ne lui avaient jamais paru si attrayants qu'ils l'étaient sous le soleil de cette magnifique soirée! Mais enfin il s'éloigna; et bien des fois depuis, il attri-

buait cette persévérance à la prière des serviteurs
de Marie, qui, à cette heure même, terminaient
les prières de ce mois de bénédiction. La nature
avait, en effet, sujet de s'effrayer, car les dix-huit
mois qui suivirent furent des plus rudes. La condition qui réservait au travail manuel les deux tiers
de la journée fut très-largement interprétée par le
maître ouvrier, qui était rarement d'humeur à se
souvenir de l'autre partie du contrat. En été, dans
les circonstances les plus favorables, il fallait que
l'élève se levât à trois heures du matin pour étudier aux lueurs de l'aurore et se retrouver à
l'atelier avec les autres. Les moments du coucher
du soleil et des récréations complétaient son temps
d'étude. L'hiver lui donnait un peu plus de loisir;
mais c'était à la lueur de la lampe commune et au
milieu des distractions de la veillée. Puis venait
la difficulté des leçons. Quand il n'y avait pas de
travail extraordinaire, l'élève s'échappait trois ou
quatre fois par semaine pour aller passer quelques
quarts d'heure près de son maître, avec la crainte
d'être salué au retour par quelque compliment en
style de vieux soldat. Étudiant avec un corps fatigué, travaillant sans le repos nécessaire, cherchant
en vain à hâter la besogne pour contenter tout le
monde, harcelé de dégoûts et de tentations de tout
genre et vivant dans l'isolement du cœur, le pauvre jeune homme souffrait en silence; il était hor-

riblement maigre, et ses cheveux tombèrent, par
suite de la violence de ses peines.

Le remède eût été de s'en ouvrir au prêtre qui
dirigeait ses études; mais il ne lui vint pas même
en pensée de se confesser entre Pâques et Noël, et
le pasteur, de son côté, attendait, se tenait sur la
réserve et laissait venir.

Un jour d'automne, fatigué et n'y tenant plus,
Casimir se souvint d'avoir entendu et lu quelque
part que toute âme qui recourait à Marie était
sûre d'être exaucée et délivrée de ses peines. Cette
pensée fut comme un rayon de soleil sur son cœur
désolé. Il commença une neuvaine de cinq *Pater*
et de cinq *Ave* au milieu des copeaux et des outils.
Sa prière n'en fut pas moins entendue, et dès ce
moment, son âme fut plus maîtresse d'elle-même.

Il alla se confesser pour Noël. Au sortir de
l'église, il eut encore une lutte profonde. D'un côté,
le souvenir des crises et des douleurs précédentes
le remplissait d'angoisse et de terreur; de l'autre,
il sentait un appel intérieur plus décisif que jamais.
Il s'arrête un instant, comme pour recueillir les
forces de son âme et prendre un élan définitif.
Enfin, levant les yeux au ciel et frappant du pied
la terre, il s'écrie : « Mon Dieu, c'est fini : je l'ai
juré. » Désormais, il devait aller invariablement
au but, et la communion du lendemain fut sur son
cœur comme le sceau divin d'un engagement

irrévocable au sacerdoce. Mais, en même temps
que tout obstacle intérieur cédait à la grâce victo-
rieuse, les obstacles extérieurs s'élevaient plus
puissants que jamais. La mort d'un parent, au
lieu d'améliorer la position de la famille, la
chargea de nouvelles dettes. Monsieur Brullon,
moins décidé que jamais à se priver d'un aide
et à s'imposer de nouvelles charges, ne négligeait
aucun moyen de décourager son fils ; mais, voyant
que tous ses efforts se brisaient contre une déter-
mination inébranlable, il finit par se prononcer,
et déclara, quinze jours avant la rentrée, qu'il ne
fallait plus songer aux études.

On reçut cette décision dans le silence, mais non
sans laisser paraître une peine profonde. La mère
pleura, et l'ancien hussard, qui ne s'était décidé
qu'à regret, sentit aussi une larme rouler au bord
de ses paupières. L'ancien curé, qui vivait
encore, et qui passait pour intéressé, finit par
tout arranger en promettant de payer la pension ;
et le jeune homme entra au petit séminaire le
3 novembre 1836.

CHAPITRE II

LE PETIT SÉMINARISTE

Casimir était attendu ; et le vénérable M. Joly, qui avait su quelque chose des entraves qui l'avaient si longtemps retenu, le salua par les paroles de saint Paul qui vibrèrent longtemps dans sa mémoire : *Gratias Deo qui nos eripuit de potestate tenebrarum et transtulit nos in regnum filii dilectionis suæ !* « Grâces soient rendues à Dieu qui a daigné nous arracher à la puissance des ténèbres, et nous faire arriver au royaume du Fils de sa dilection ! »

Il se trouvait des derniers en quatrième, au milieu de jeunes condisciples ; il voulait tout apprendre d'un coup, et son impatience d'avancer nuisait à son succès ; en même temps, la prière n'était point négligée. Il sentait qu'avant tout, c'était pour

servir Dieu qu'il était venu, et que c'était sa
maison qu'il habitait.

Mais l'excès d'application, joint au rigoureux
hiver de 1837, faillit lui devenir funeste, et lorsqu'il
commençait à dominer les difficultés de l'étude,
une dangereuse maladie vint l'arrêter pendant près
d'un an. Il y eut cependant des intervalles de
mieux, et il put composer pour les prix. Sans s'y
attendre, il obtint deux accessits, qu'il reçut avec
une joie naïve, tout en pensant que deux feuilles
vertes seraient une récompense bien légère pour
toutes ses peines, s'il ne devait rien attendre de
plus. Il retomba bientôt après; et ses maladies
ainsi que celles qui survinrent plus tard eussent
été fatales à ses études; mais la Providence y mit
la main, et désormais ses progrès furent constants
et rapides.

Jusqu'alors, il n'avait point songé à la vie religieuse. Mais, sur ces entrefaites, il vint à se rencontrer avec un professeur du petit séminaire qui
dès ce moment rassemblait autour de lui les jeunes
gens d'élite dont le zèle et le dévouement répon-
daient à ses vues. Le 19 janvier 1838, fête des SS.
Jumeaux de Langres, ils allèrent ensemble vénérer
leurs reliques dans, l'église où elles reposent, à une
lieue de la ville, sur la route de Dijon. Au retour
du pieux pèlerinage, le professeur vint à parler de
ses desseins et de la vie religieuse. Ces idées

contrariaient la perspective à laquelle le jeune
Brullon s'était accoutumé, et surtout les calculs
de famille. Mais c'était précisément parce qu'elles
se présentaient sous forme de sacrifice, qu'elles
firent plus d'impression sur ce cœur décidé à
n'en refuser aucun. Dès lors, la pensée de ne point
s'en tenir à la carrière commune devint une idée
fixe, que des rapports plus intimes avec le professeur confirmèrent de plus en plus.

D'autre part, son âge et la gravité de ses pensées
le mettaient en dehors de la société des enfants de
son cours, qui l'estimaient, tout en se raillant de
lui; naturellement il dut se rapprocher des élèves
des cours supérieurs qu'une communauté de
goûts vertueux pouvait lui rendre sympathiques..
Les supérieurs favorisaient plutôt qu'ils n'empê-
chaient cette petite franc-maçonnerie pieuse dont
la ferveur était le principe. Il se trouva donc
naturellement en rapport avec des sujets d'élite,
dont la plupart entrèrent plus tard dans la vie
religieuse ou dans la carrière des Missions, et
surtout avec ceux qui s'étaient dès lors associés
pour s'essayer en secret à une vie plus parfaite et
plus dévouée sous les auspices de l'apôtre saint
Paul. C'est ainsi qu'il commença des relations
suivies avec MM. Thivet, Mahon, Mauvage,
Monjardet, Huot, etc., etc., etc., et ces relations
se maintinrent par de pieuses correspondances,

même après que les circonstances les eurent séparés, la plupart de ses amis le devançant au grand séminaire.

Nous voyons aussi, dès cette époque, notre jeune élève tenir une sorte de journal de toutes les instructions qu'il entendait, particulièrement pendant les retraites, y ajoutant ses réflexions personnelles et les saintes résolutions qui lui étaient suggérées. Il est aisé de voir, en parcourant ces rapides analyses, combien dès lors il était préoccupé d'acquérir la perfection du sacerdoce et d'en connaître à fond les devoirs et la grandeur. Ne pouvant toutes les reproduire, nous en donnerons seulement quelques extraits, qui font connaître son intérieur et sa vie d'écolier tout entière.

Voici le résumé de ses notes pendant sa retraite des vacances de 1838.

Prenant le fait du péché originel pour son point de départ, il cherche le grand remède à appliquer à l'état d'ignorance, de mort et de corruption où notre nature est tombée; il le trouve dans la connaissance de soi-même par la grâce divine. Cette connaissance a cinq principaux avantages.

D'abord c'est elle qui fait l'homme de désir.

Ensuite le désir enfante la prière, car l'âme, dans son angoisse, a recours à Dieu, la souveraine lumière et le tout-puissant médecin.

La vue simultanée de Dieu et de soi-même, le ·

sentiment de ses propres misères et de sa malice, produit cette haine de soi qui est absolument nécessaire pour résister à la nature, la dompter et la soumettre.

La haine de soi, l'humilité détruit l'orgueil ; elle ouvre à la grâce la porte du cœur ; elle l'y conserve et y fait germer toutes les vertus et surtout la docilité à nos guides spirituels.

Enfin cette humble connaissance de soi-même enfante la persévérance ; elle nous aiguillonne sans relâche et ne nous permet pas de nous arrêter dans la voie de la perfection, ni de rester dans notre misère.

La plus triste et la plus magnifique de nos ruines, est celle de notre intelligence. C'est d'abord elle qu'il faut restaurer : c'est pour elle qu'il faut désirer la lumière et appeler humblement à notre aide les ouvriers divins qui portent son flambeau.

Ensuite, il faut guérir et fortifier la volonté, afin qu'elle obéisse à la divine lumière ; car la volonté est aussi déchue ; comme une ruine qui reste attachée aux ronces qui la couvrent, elle aime ses ténèbres et ses chaînes ; elle méprise et déteste ceux qui veulent lui enlever ses illusions.

La grâce seule est assez puissante pour vaincre cette répulsion pleine d'ingratitude, et pour faire naître l'amour à force de honte, de prière et de repentir.

Dans une retraite subséquente, le jeune Brullon considère les merveilles d'une âme restaurée et choisie pour être un temple de *l'admirable lumière.* Elle doit resplendir de reconnaissance et refléter la flamme du divin amour. L'abnégation, le sacrifice permanent, l'esprit des apôtres et des martyrs peuvent seuls répondre aux divins bienfaits, et doivent être le seul repos de l'âme qui en a été l'objet. L'esprit de foi, la prière, la méditation, la communion sacramentelle et l'union des âmes saintes doivent la faire persévérer en dépit de sa prodigieuse inconstance.

Les résolutions prises par notre jeune étudiant à l'occasion de l'ordination du 25 mars 1839, sont courtes, mais caractéristiques.

Envers Dieu, l'aimer pour lui-même et par-dessus tout; avoir soin de purifier ses intentions; voir Dieu en tout, se rappeler souvent sa souveraine présence, s'attacher à lui, faire tout pour lui; prier de tout son cœur, avec une tendre confiance.

Envers la sainte Vierge, avoir un amour filial, une dévotion tendre et une confiance sans bornes.

Envers le bon Ange et les Saints, croître en attention pieuse, les étudier et s'exercer à leur imitation.

Envers les supérieurs, sentir, penser, parler, agir avec eux comme avec les représentants de Dieu.

Envers le prochain, amour en Dieu et pour Dieu,

douceur, prévenance, humilité, franchise mêlée de prudence et de fermeté ; étudier charitablement les hommes pour les connaître ; prier pour eux, et faire tout pour sauver les âmes, ou du moins pour s'y préparer dans un esprit d'humilité et de sacrifice.

Tel est l'ensemble des vertus que le jeune clerc se proposait de pratiquer pour se préparer au sacerdoce ; et c'est chose remarquable que cet élève de seconde, se préoccupant dès lors de la connaissance des hommes nécessaire au prêtre.

Nous trouvons encore des traces d'une de ses retraites de vacances en 1839; car c'était en Dieu qu'il cherchait avant tout la récréation de son âme. Bien d'autres que lui auraient peut-être craint d'en avoir trop fait en retranchant quelques jours à leurs plaisirs ; mais ses scrupules étaient d'une nature différente. Voici ce qu'il écrivait à la rentrée des classes, le 10 novembre 1839, au commencement de sa rhétorique :

« La source de mes fautes pendant les vacances et la cause principale qui m'a empêché d'en profiter, c'est de m'être troublé et tourmenté l'esprit pour des choses qui ne le méritaient pas, et de ne pas m'être confié avec abandon à la Providence et à la volonté de Dieu. Je n'ai pu rétablir suffisamment ma santé, je n'ai pu travailler, et j'ai été sombre

et inquiet ; je n'ai pas profité des nombreuses grâces que Dieu m'a faites, et je n'ai pas fait le bien qui était en mon pouvoir à ceux qui m'environnaient. L'année dernière, sous le rapport de la science et de la vertu, je n'ai pas profité comme je l'aurais pu, parce que je travaillais avec trop de contention, de précipitation et de trouble, mettant trop de temps à certains devoirs, malgré l'impatience d'en finir. Je n'ai pas assez lu; j'ai entrepris trop de choses différentes. Dans la prière, j'étais à peu près dans les mêmes dispositions que pour l'étude; et c'est pourquoi je n'ai pas eu la paix et le calme qui résultent d'une prière bien faite. Je me suis livré à des idées bizarres, outrées, qui m'ont rendu ridicule et m'ont fait bien du mal.

» D'après ces courtes réflexions, ou plutôt d'après l'avis de mes directeurs, je tâcherai d'être calme, de me jeter avec reconnaissance et confiance entière entre les bras de la Providence, toujours si bonne à mon égard, de prier avec tendresse, ferveur et abandon, d'observer ponctuellement le règlement et les avis de mes maîtres, sans lesquels je ne veux rien faire, et enfin de bien employer selon la volonté de Dieu, chaque moment présent.

» *Avec mes condisciples*, je veux être doux, affable, gai sans dissipation, ferme sans orgueil et sans ostentation, ayant soin de pratiquer l'humilité la plus parfaite en toute occasion.

» Une résolution spéciale, c'est d'examiner tous les dimanches, dans ma visite au saint Sacrement, si j'aurai bien employé mon temps, et quels progrès j'aurai faits, soit dans mes cours, soit dans la pratique des vertus d'humilité, de douceur, de charité et de confiance en Dieu. J'examinerai aussi les fautes que j'aurai à me reprocher sur ces différents points. »

Ces exemples suffisent pour nous faire juger de ses retraites et de ses années d'études : nous allons toutefois citer encore les résolutions de la Toussaint 1840, qui nous donnent une idée de ses dispositions à son entrée au grand séminaire.

1840, in die festivitatis Omnium Sanctorum.

RÉSOLUTIONS DE MA PREMIÈRE RETRAITE AU GRAND SÉMINAIRE.

Voici commencer pour moi les quatre années les plus importantes de ma vie : il est donc très-nécessaire de bien débuter dans cette carrière et de ne pas perdre un instant. Mon œuvre principale, mon unique affaire pendant ces quatre années, ainsi que pendant toute ma vie, est d'arriver à la sainteté. A cette fin, voici les résolutions qui m'ont été suggérées pendant les exercices de cette retraite, que Dieu m'a ménagée dans sa miséricorde.

1° Ayant remarqué que l'orgueil, malgré tant de
motifs d'humilité, était mon vice dominant, et, par
conséquent, la cause de toutes mes fautes, j'ai résolu
de le détruire en moi par tous les moyens que la
grâce de Dieu m'inspirera.

Je me mettrai spécialement en garde contre ce
péché, en toute circonstance; et dans mes exa-
mens de conscience, il sera l'objet d'une attention
spéciale.

2° Sans la paix intérieure et extérieure, point
d'avancement spirituel : or, c'est ce qui m'a surtout
manqué, et le trouble et l'inquiétude m'ont nui
dans mon corps et dans mon âme. Voici donc quels
sont les moyens que je crois propres à me procurer
cette paix. 1° La demander par l'intercession de
la sainte Vierge avec instance ; 2° Pratiquer un
abnégation complète autant que me permettra ma
faiblesse; 3° Me jeter avec une confiance filiale
entre les bras de Dieu, qui m'a fait tant de grâces ;
4° Accepter tout ce qu'il lui plaira de m'envoyer;
5° Remplir tous mes devoirs avec promptitude et
sans précipitation, et surtout sans chercher à
faire plus que me le permettent mes moyens et
mon temps.

3° On ne peut espérer d'arriver à la connaissance
de Dieu et de soi-même, connaissance qui consti-
tue la perfection du chrétien, sans l'esprit d'oraison; et l'on ne peut avoir l'esprit d'oraison sans

le demander avec ferveur et sans le maintenir par
le recueillement et la mortification, trois choses
que je veux pratiquer avec exactitude.

4° L'observation parfaite du règlement. En
observant bien la règle, j'aurai fait tout ce que
Dieu demande de moi.

5° Entendre la parole de Dieu avec le plus
grand respect et la plus scrupuleuse attention.
Tâcher de me rappeler avant chaque instruction
cette parole de saint Augustin qui affirme for-
mellement que la profanation de la parole est aussi .
sacrilége que la profanation de l'Eucharistie.

6° Je prendrai un soin tout particulier de me
former, dans mes récréations, l'esprit et le
caractère. Je m'appliquerai surtout à réformer cette
dureté et cette rudesse que l'on m'a si souvent
reprochée.

Enfin je me ferai une obligation rigoureuse de
relire tous les dimanches ces résolutions, et de
consacrer ma visite au saint Sacrement à examiner comment je les aurai remplies.

Une trop funeste expérience m'a appris que les
résolutions sont inutiles, si l'on se fie à soi-même
pour les exécuter, et si la grâce de Dieu ne nous
soutient. Je reconnais donc humblement mon
impuissance, et demande de toute mon âme le
secours de la grâce. Je mets ces résolutions sous
la protection de notre bonne Mère la très-sainte

Vierge, de mon Ange, de mes saints Patrons et de
tous les saints que j'honore d'une dévotion parti-
culière. † J. M. J.

Que la parole de Dieu tombât du haut de la
chaire évangélique, ou qu'elle lui vînt dans l'intimité de la direction et du confessionnal, l'abbé
Brullon la recueillait avec amour et respect, et
l'on voit dans ses cahiers les méditations ordinaires
des directeurs à la suite des brillantes analyses de
Mgr Parisis.

Les champs de prédilection où il se plaisait à
choisir son miel étaient surtout ceux de la dévotion
à la sainte Vierge. Il recueillait avec soin toute
pensée sur les rapports du ministère de Marie
avec le ministère sacerdotal, et ses analyses
sur ce sujet rempliraient un volume. A mesure
cependant qu'il s'approche du moment de sa
dernière ordination, toute autre idée que celle de
Jésus-Christ semble s'effacer de sa pensée, et ses
dernières notes ne montrent en relief que la grande
figure du souverain Prêtre avec qui nous devenons
fils de Dieu, frères de tous, pères, docteurs, époux
et médecins des âmes.

Dans notre revue des notes du jeune séminariste, nous l'avons suivi jusqu'aux portes du sacerdoce; reprenons le fil des événements.

A la rentrée des cours, en 1838, il avait vu une

partie de ses amis le devancer au grand séminaire,
ce fut de même en 1839; mais les amis du jeune
Brullon ne l'oublièrent point en leurs lettres,
qui jettent un nouveau jour sur la vie intime et
les idées de dévouement qui germaient dans ces
jeunes cœurs.

L'un d'eux était une de ces fleurs que le ciel se
hâte de ravir à la terre, le jeune Charles Mauvage
de Domremy. Le jour de la Présentation, après
avoir décrit à Casimir toutes les suavités de la
fête, telles que sa piété les concevait, il ajoute :

« Qu'elle est belle et comme elle est éloquente,
cette fête de la Présentation! Pouvait-on en choisir une autre pour renouveler ses vœux et ses
promesses au Seigneur? Aussi l'avons-nous tous
fait ce matin dans les mains de Monseigneur; nous
avons tous dit solennellement, comme au jour de
l'ordination, ces paroles sublimes par le sens
qu'elles renferment : *Dominus pars hereditatis....*
et si vous ne l'avez pas encore fait aujourd'hui,
oh! empressez-vous de le faire; dites au bon Dieu,
en présence des saints Anges, de vos saints Patrons et de toute la Cour céleste; dites, comme
Marie, que vous renoncez à tous les honneurs et
les richesses de la terre, et que Jésus seul sera
votre héritage. Renouvelez le sacrifice que vous
avez déjà fait de vos passions, de vos intérêts, et
puis donnez-lui votre cœur tout entier, confiez-le-

lui comme un présent que vous ne pouvez garder
vous-même sans danger : *Fili mi, præbe mihi cor
tuum.* C'est comme cela que fit la très-sainte
Vierge. N'oubliez pas, non plus, de lui offrir de nouveau vos études classiques, et de lui en consacrer
tout le succès ; de lui demander la santé corporelle,
autant que ce sera pour la gloire de Dieu, le courage, la paix, la confiance, dont nous avons tous
si besoin. Voilà tout ce que je craignais de ne
pouvoir vous dire aujourd'hui. Puisque je renouvelle tous mes liens avec le bon Dieu, il faut aussi
que je les renouvelle avec tous ceux que j'aimais
pour sa gloire ; c'est pourquoi je vous prie de ne
pas m'oublier près de notre cher Plique, de Monjardet, de Lambert, de Guillemain ; assurez-les
de mon amitié, et recommandez-moi à leurs
prières.

» Maintenant qu'il me reste encore du temps
et de la place, je passe aux choses moins pres-
santes.

» Dites-moi, votre santé ne s'améliore-t-elle
pas, et pourquoi? Il me semble que votre tête tra-
vaille, sans que vous vous en doutiez. Le moyen
de la guérir, je vous l'avais dit dernièrement, c'est
de vous ouvrir ; après cela, de vous abandonner à
la toute bonne Providence en obéissant. Ne cherchez pas, je vous en prie, à faire plus que vous ne
pouvez. Qui trop embrasse, mal étreint. Ne cher-

chez pas, non plus, à acquérir trop de choses.

» Contentez-vous donc de bien apprendre votre
leçon, et de bien faire votre devoir; quand cela
sera fait sans précipitation, vous pourrez vous
occuper d'autre chose. Inquiétez-vous peu, ou plutôt demandez au bon Dieu la grâce de peu vous
inquiéter du succès, soit dans les compositions,
soit dans les leçons. *Bonum est Domino, quia hu-
miliasti me.* J'ai bien peu..., je n'ai point d'expérience; le bon Dieu cependant m'a fait sentir la
justesse de tout ce que je vous dis. D'ailleurs,
quand on s'efforce à faire plus de choses que les
autres, on réussit peu, je vous l'assure, et on est
plus fatigué. Les fruits ne mûrissent pas tout d'un
coup. Nous sommes comme les fruits : il nous faut
du temps et diverses températures.

» Ainsi ce que vous n'apprendrez pas au petit séminaire, vous l'apprendrez ici, ou bien ailleurs, selon la
volonté de Dieu; et puis, il faut se résoudre à ignorer
bien des choses, et courir au plus pressé. Ce que je
vous dis là, je ne le dirais pas certainement à tout
le monde; mais je crois vraiment que vous en avez
besoin. C'est une des causes de vos troubles. Ces-
sez de regarder l'enseignement du petit séminaire
comme incomplet. Il n'y a rien de parfait dans le
monde, et le mode d'instruire qu'on nous laissait
concevoir, aurait peut-être de plus grands inconvé-
nients encore.

» Tâchez donc d'avoir sur tout cela la paix du Seigneur. Si le trouble s'empare de votre âme à ce sujet, c'est une preuve que nos projets ne viennent pas de Dieu.

» Vous ne cherchez comme moi que la gloire de Dieu, n'est-ce pas? eh bien! attendez qu'il vous dise : *Ambula,* comme au père des croyants; attendez qu'il vous appelle comme Samuel, et vous lui répondrez comme lui : *Ecce ego, vocasti enim me.* Mais auparavant, contentez-vous de lui dire avec saint Paul : *Domine, quid me vis facere?* « Seigneur, que voulez-vous que je fasse? » Que ce soit là votre prière de tous les jours.

» Je vous avoue que, pour ma part, mon parti est bien pris, et je vois que le bon Dieu l'a béni, par le calme dans lequel il m'a laissé. Je ne m'inquiète plus d'autre chose que de bien faire mon petit devoir, que de devenir un bon enfant du sanctuaire, pieux, affable à tous, dévoué, généreux, instruit, dans ce sens que j'emploie mon temps le mieux possible, *sans chercher midi à 14 heures,* comme me l'a dit tant de fois M. le Supérieur. Il faut que j'acquière des vertus pour l'avenir; et cela, je ne l'obtiendrai que dans la retraite de mon cœur, en m'ouvrant à mes directeurs, pour qu'ils m'en découvrent tous les replis mauvais; je ne l'obtiendrai qu'en y allant bien simplement partout et toujours; qu'en me faisant tout à tous, comme nos règles le disent bien ; je ne l'obtiendrai qu'en sacrifiant tous mes désirs à la volonté de mes supérieurs, qu'en me donnant tout à Dieu, sans réserve, et qu'en attendant en paix son salut. Alors, quand il m'aura · fait connaître ma route, quand il m'aura enrôlé dans la milice sainte, pour travailler à la sanctification des âmes, je chanterai le *Benedictus*, le *Magnificat* et le *Te Deum* d'action de grâces, en tâchant de m'unir aux transports de Zacharie, de la sainte Vierge et de saint Augustin.

» Voilà tous mes vœux, mon bien cher, et je n'en fais pas d'autres pour vous, que j'aime autant que moi. Veuille le Seigneur s'empresser de les remplir ! Mais toujours que sa sainte volonté soit faite, et non pas la nôtre.

» Adieu, mon cher Brullon, je vous embrasse bien tendrement dans les Cœurs sacrés de Jésus et de Marie. Vous sentez combien j'ai besoin de vos prières ; je me recommande aux vôtres avec confiance, et recommandez-moi encore à celles de tous mes bons amis du petit séminaire qui en auront la bonne volonté. Le bon Dieu se charge de la récompense.

» Votre ami bien sincère,

» MAUVAGE. »

La lettre suivante nous montre que Dieu avait laissé entrevoir au jeune lévite la croix et les amertumes qui se préparaient pour ses amis et pour lui-même; car il ne devait point faire exception à la règle générale que l'espérance du sanctuaire est aussi l'attente et l'apprentissage du sacrifice.

« Grand séminaire de Langres.

» Mon cher Brullon,

» Le temps s'écoule bien vite, et tous les jours il tire un peu le rideau qui nous cachait l'avenir; à la fin, la scène se découvre, la lumière se porte sur l'objet de l'espérance, et malheureusement elle ne donne pas souvent raison aux projets et aux conjectures des hommes. Vous avez fait bien des vœux, vous en faites encore de bien vifs, peut-être. Hélas! tout cela s'en ira comme de la fumée, mon bien cher, attendez-vous-y; à moins que le doigt de Dieu ne soit là; et qui vous dira qu'il y est, sinon vos supérieurs et directeurs? Vous devez donc leur demander conseil et vous diriger d'après leur réponse, comme le voyageur d'après la carte qu'il a dans la main. — Que signifie ce langage? me direz-vous; je ne fais pas autre chose, et je suis dans leurs mains comme la cire molle dans celles d'un enfant. — Oh! puissiez-vous l'être toujours! vous seriez trop heureux. Cependant, si le bon Dieu vous prépare des épreuves, n'en soyez pas étonné. Pendant que vous êtes à l'abri des injures du temps, que vous ne songez qu'à faire un devoir,

à préparer une leçon, la Providence ne cesse pas
de veiller sur les événements du monde, sur chacun de nous, et elle conduit à sa gloire tout ce qui
se passe parmi les hommes. C'est elle qui prépare
insensiblement notre vocation, envoie des hommes
pour nous donner des leçons, les retire à son gré
pour nous en rendre d'autres ; enfin c'est elle qui
nous forme, qui nous élève comme un enfant qui a
besoin de différents précepteurs, selon ses différents
âges ; c'est elle qui nous a conduits jusqu'ici, après
bien des merveilles, et où nous conduira-t-elle ensuite ? Je n'en sais rien. Que nous réserve-t-elle ?
Quelle part aurons-nous à cultiver dans la vigne
du Seigneur ? Je n'en sais rien. Je ne sais qu'une
chose, c'est que Dieu fera de moi ce qu'il plaira à
sa divine sagesse ; c'est que je dois attendre en
priant qu'elle me manifeste ses volontés adorables.
Prions donc, mon bien cher, de tout notre cœur, et
disons-lui : *Fiat voluntas tua !* « Que votre volonté
soit faite, ô mon Dieu ! » *Pater mi, si possibile est,
transeat a me calix iste ; verumtamen non sicut
ego volo, sed sicut tu.* Avec cela, soumettons-nous
à ses arrêts, pleins de joie comme notre divin Jésus
au jardin des Olives.

» Confiez-vous à la sainte Vierge, qui est la
Vierge *très-prudente, le Siége de la sagesse, la
Consolatrice des affligés* et *la Cause de notre joie.*
Priez votre Ange gardien de vous conduire.

Renoncez à vos idées, pour attendre celles que
Dieu vous communiquera, et soyez sans la moindre
inquiétude, quand vous aurez tout remis à sa dis-
position.

» Je suis un peu triste malgré moi depuis hier au
soir; mais je ne perds pas de vue ces paroles de
l'Apôtre : *Gaudete in Domino semper : iterumque
dico, gaudete...* ni celles de Jésus en allant à la
mort : *Hæc locutus sum vobis, ut gaudium meum
in vobis sit, et gaudium vestrum impleatur.*

» Je vous prie de ne pas oublier, non plus, ces autres de saint Pierre : (*In Jesum*) *credentes exulta-
bitis lætitiâ inenarrabili, et glorificatâ.* Oui, mon
cher, voyons Jésus souffrant pour nous, et réjouis-
sons-nous aussi de souffrir un peu pour lui. Certes,
j'ai eu à boire un calice plus amer que celui d'aujourd'hui !! Prions et remercions le bon Dieu; c'est
le dernier mot que je puis dire.

» Un ami qui vous aime bien tendrement.

» MAUVAGE. »

Une autre lettre vient expliquer les appréhen-
sions qui ne sont que sous-entendues dans la pré-
cédente. Avec la sûreté de coup d'œil de la sagesse
chrétienne, le jeune clerc lit l'avenir dans le présent. Il voit les dangers et les luttes auxquels
s'exposent les âmes ardentes qui veulent diriger le
mouvement des esprits; il comprend les sages len-

teurs et les craintes qui veulent le retenir; il tient
compte des critiques; mais il est en garde contre
l'exagération et les rapports passionnés qui s'atta-
chent toujours à tout ce qui s'élève au-dessus de la
médiocrité; il sait qu'avec des intentions pures et
de grands talents, on peut faillir et donner gain de
cause à ses détracteurs.

Il a tout vu, tout entendu, tout pesé; il veut que
son ami soit prévenu de tout.

Il entrait, en effet, dans les vues du divin amour
que l'abbé Brullon connût ses croix d'avance, et
qu'il en mesurât toutes les dimensions. Si, plus
tard, il finit par s'associer à l'œuvre contre laquelle
ses amis cherchaient à le mettre en garde, ce fut en
parfaite connaissance de cause, et parce qu'il crut
y être conduit par les voies de la Providence. En
attendant, sans rompre les relations d'une sainte
et utile amitié, il tint compte des conseils qu'on lui
donnait et ne songea plus qu'à devenir un prêtre
apostolique.

CHAPITRE III

LE GRAND SÉMINAIRE

———◦◦◦◦◦———

Le jeune clerc entra au grand séminaire en 1840, et, pour se préparer à travailler au salut des âmes, il commença par édifier ses condisciples, parmi lesquels il ne négligeait aucun moyen d'entretenir la ferveur et l'esprit d'apostolat. Il était de toutes les associations érigées dans ce but et faisait de la sainte propagande, autant que le lui permettaient sa modestie et ses travaux plus qu'ordinaires : car, outre des études théologiques consciencieuses et une attention extrême à la vie intérieure, il avait encore à donner des leçons de latin à deux enfants de la ville, et par là il gagnait de quoi suffire plus honorablement à ses besoins.

Il ne jouit pas longtemps de l'amitié de l'abbé Mauvage : ce pieux jeune homme ne fut que

montré à la terre, et mourut comme une fleur
du mois de Marie, le 15 mai 1841, n'étant que
tonsuré.

Mais d'autres amis devaient prendre sa place,
et donner une nouvelle impulsion à ses pensées de
zèle et de dévouement.

Cette même année, l'abbé Huot, de Marbéville,
mort depuis au poste d'honneur, était entré au séminaire des Missions étrangères : il ne tarda pas à y
être suivi par une pléiade de ses condisciples. On conçoit aisément ce qu'un tel exemple dut produire sur
une âme telle que celle de notre fervent séminariste.
Aussi bientôt une correspondance active s'engagea.
Les lettres de l'abbé Huot respirent la sainte joie
d'une âme qui s'est donnée sans réserve ; il désire la
faire partager à son ami ; il sait qu'il en est compris. Il reçoit en retour les expressions d'une
sainte envie ; on lui demande conseil, et il s'appli-
que à détruire les objections que l'humilité et
la défiance de soi-même se représentent comme des
obstacles invincibles. D'après lui, « on a tort de regarder la vocation du missionnaire comme si extraordinaire et comme demandant à être marquée par
des prodiges. Elle est surnaturelle, en effet ; mais,
après tout, elle se décèle comme les autres par les
vertus et les aptitudes. Il ne faut point attendre les
ordres de ses directeurs pour les grands dévouements ; il faut se contenter d'une approbation. Ce

n'est point l'exaltation et le goût des aventures qui
font le bon missionaire ; c'est surtout une profonde
humilité »

L'abbé Huot disait à son ami de prier Dieu qu'il
leur accordât cette vertu nécessaire, sans se
douter qu'un excès d'humilité contribuait à retenir
le jeune séminariste. C'est, en effet, en lui représentant qu'il n'avait pas les qualités et les capacités
nécessaires pour les Missions, que ses directeurs et
son évêque lui-même réussirent à le garder dans
son diocèse. Ils ne voulaient sans doute que l'éprou-
ver, et l'on voit que dans d'autres circonstances ils
savaient aussi lui objecter ses talents et les services qu'il pouvait rendre dans l'enseignement et
ailleurs. L'humble jeune homme se laissait persua-
der aisément que des talents ne seraient pas plus
déplacés en Chine qu'en France ; mais il ne put jamais se résoudre à supposer que les objections de
ses directeurs sur son incapacité ne fussent point
fondées.

L'abbé Huot partit pour la Chine au commencement de 1843. Après une année de séjour à Macao
il se rendit dans le Yun-nan, au cœur de la Chine.
Malgré sa faible santé, il y resta près de vingt ans
occupé des travaux de l'apostolat. Il avait su se
concilier les cœurs des païens mêmes. Pendant une
invasion de son district par les brigands des montagnes, des milliers de chrétiens et de païens se réfu-

gièrent dans l'enceinte de son séminaire, et pendant trois mois de terreur, il dut pourvoir à la sûreté et à la subsistance de tout ce monde. Il n'était
pas remis des fatigues qu'il avait souffertes à cette
occasion, quand il fut appelé au chevet d'un pesti-
féré. Le voyage acheva d'épuiser ses forces. Il
mourut pro-vicaire apostolique, à l'âge de 43 ans,
dans des sentiments dignes de sa vie (1).

Lorsque l'abbé Huot quitta la France pour se
rendre à son poste, il laissa à MM. Thivet et Mahon
le soin de poursuivre la correspondance avec l'abbé
Brullon et de l'attirer enfin aux Missions étrangères.
L'abbé Thivet lui dépeignait avec un saint enthousiasme les jouissances qu'une âme apostolique était
sûre d'y rencontrer. Il racontait entre autres l'arrivée de MM. Charrier et Galy, revenant de Cochin-
chine, où ils avaient vu la palme du martyre leur
échapper inopinément, grâce à la hardiesse d'un
commandant de vaisseau français (2), et comment,
attendant le retour à leur poste, ils racontaient plai-
samment au cercle des jeunes missionnaires leurs
interrogatoires, les horreurs de leur prison et l'atro-
cité de leurs tortures.

Le grand refrain de toutes ces correspondances

(1) Voyez dans les Annales de la Propagation le N° de septembre 1863.

(2) M. Lévêque, commandant de la corvette *l'Héroïne*.

était toujours le petit nombre des ouvriers. Si l'abbé
Brullon s'attardait au séminaire de Langres, ses
amis ne voulaient en accepter aucune excuse, sinon qu'il profitât du temps pour le dépeupler en
faveur des Missions.

La carrière apostolique de l'abbé Thivet devait
être bien courte. Après quatre années de séjour à
la procure de Macao et d'Hong-Kong, il avait été
mis à la tête du collège de Pulo-Pinang, lorsqu'un
accident l'enleva dès la première année à l'affection
des directeurs et des élèves. Il était allé avec trois
de ses confrères à Batu-Kavan, célébrer la fête de
S. Jean Baptiste, patron de cette ile voisine. Dans une
course d'exploration, il ne remarqua point un petit
drapeau, signe ordinaire des piéges à tigre. Ces piè-
ges sont des fosses dont le fond est armé de pieux
aigus, et la surface, couverte de branches et
de gazon disposés de manière à céder à la pression.
L'abbé Thivet tomba dans la fosse, et l'un des pieux,
entrant par la hanche, vint ressortir par la poitrine. Il fallut dégager le patient en employant la
scie, et le retirer avec des cordes. Ramené à Pulo-
Pinang, il y reçut les derniers sacrements ; puis,
s'étant remis entre les mains des médecins, il expira
quelques minutes après l'extraction du bois où il
était empalé, le 28 juin 1849, après vingt-trois heures de souffrances.

Les lettres suivantes, quoique moins intimes, nous

font connaitre ce que les amis de l'abbé Brullon pen-
saient à son sujet. Elles nous indiquent ses luttes intérieures, son humilité et la soumission absolue de son
jugement aux moindres paroles de ses supérieurs.

« Me trouvant hier avec un directeur, » lui écrit
l'abbé Mahon, « je vins à lui parler de vous.... et
je lui dis tout ce que votre indulgente bonté avait
bien voulu me découvrir, votre manière de comprendre les choses de ce monde, votre détachement
de toute affection terrestre, votre dévouement absolu
à la grande cause, et enfin votre indécision entre le
cloître et les Indes. J'eus soin de lui faire observer
la petite différence qui se trouve entre votre vocation et quelques autres. Je veux parler de ce mouvement intérieur agissant en l'âme comme une sorte
d'instinct, etc. — Quel est son caractère ? Quelles sont
ses habitudes et sa manière de procéder en toutes
choses ? me dit M. le directeur. — Mathématiquement
par A plus B, par *atqui* et *ergo*, répondis-je. — S'il en
est ainsi, reprit-il, si toute sa vie morale consiste à
connaitre et à agir, c'est-à-dire dans les purs actes de l'intelligence qui raisonne et de la volonté
qui exécute, on ne peut pas exiger de lui ce bour-
donnement intérieur, souvent futile et trompeur
parce qu'il provient toujours d'une imagination trop
impressionnable, même dans le bien. En un mot, s'il
me consultait, je lui conseillerais de dire une dernière fois : « Je veux être missionnaire ; » car lors-

qu'un jeune homme commence à comprendre le sacerdoce et à se pénétrer de l'esprit apostolique, si la
raison pure se complait dans l'état de missionnaire,
il ne lui reste plus qu'à dire : « Je veux, » pour en
finir avec les indécisions. La grâce ne manque jamais quand on marche avec l'intention simple et
droite d'aller à Jésus-Christ. — Notre conversation
finit là......

» Que les prudentes temporisations de M. le supérieur ne vous découragent pas : sa grande foi est infiniment éloignée de vouloir faire manquer une vocation..... Il ne faut que vous connaître pour oser
affirmer que vous êtes fait pour de grands combats
et que vous avez ce qu'il faut pour aller bêcher les
endroits pierreux de la vigne du Seigneur. Le mur-
mure du cœur serait une anomalie chez vous Vous
ne pouvez pas plus le ressentir maintenant, que vous
ne l'éprouveriez s'il fallait marcher au martyre. Sup-
posons une persécution : je vois des âmes mues par la
grâce et rêvant les palmes brillantes et les blanches
couronnes. Elles vont donner gaiement leur tête au
bourreau. Interpellé vous-même, croyez-vous que
vous auriez de pareils sentiments ? Non ; mais, la grâce
fortifiant votre foi et votre volonté, vous diriez :
« Prends ma tête ; mais apostasier.... jamais ! » — Et
vous seriez bon martyr, tout comme aussi vous
pourriez être bon missionnaire. Finissez-en, et vous
êtes des nôtres. »

Un autre ami, que l'abbé Mahon consultait, vint l'aider à répondre aux difficultés que les supérieurs de l'abbé Brullon opposaient à son entrée aux Missions étrangères. Après lui avoir représenté que ces difficultés de leur part ne devaient point l'étonner, il ajoutait :

« Je vous l'avoue, je suis fort de ceux qui regardent cette vocation comme une simple conséquence des engagements contractés dans le sacerdoce, en sorte que, pour un prêtre de Jésus-Christ, comme il n'y a plus ni Juif, ni Gentil, ni Grec, ni barbare, de même aussi il n'y plus de patrie sur la terre, et, pourvu qu'il procure à Dieu le plus de gloire possible, et aux âmes, le plus de grâces de salut qu'il pourra, les lieux et les modes de son ministère doivent lui être parfaitement indifférents.

» Cela posé, il est facile d'en déduire que l'on ne se fait pas missionnaire pour soi, mais pour Dieu et les âmes ; que l'on ne se fait pas missionnaire pour souffrir des privations, des persécutions, des tourments et la mort : tout cela est la récompense ; mais ce n'est pas le but. On n'est pas missionnaire, non plus, parce qu'on se sent entraîner vers les dangers et les fatigues de l'apostolat, par un puissant attrait intérieur, par un goût sensible dont il faut grandement se défier, mais par la considération raisonnée et réfléchie du vide immense qui reste à combler dans l'univers pour que la majesté

de notre grand Dieu règne sur toute la terre, ou
plutôt dans le cœur de tous les hommes, comme
elle règne aux cieux, le trône de sa gloire. Voilà
les véritables vocations, celles qui ne sont point su-
jettes à ces illusions, à ces déceptions que l'imagination enfante, et qui ont suffi parfois pour anéantir les
plus abondantes grâces dans le cœur de plus d'un
missionnaire. 400 millions de païens peuplent encore
l'Asie orientale, où N. S. nous a envoyés travailler à sa
vigne, et nous ne sommes là que quelques centaines
de prêtres. Voilà ce qui répond à toutes les considérations relatives au bien plus ou moins grand que
l'on peut opérer en France ; aux besoins plus ou
moins pressants des différents diocèses ; puisque
33,000,000 de Français ont pour les secourir plus
de 40,000 prêtres. C'est là, je vous l'avouerai, une des
plus puissantes considérations qui m'aient déterminé
à entrer dans la carrière magnifique où j'ai fait
un premier pas maintenant ; et je vous étonnerai
peut-être en vous parlant ainsi, je puis vous assurer que je n'ai jamais ressenti, à proprement parler, pour les Missions, cet attrait, ce goût sensible
qui a pu déterminer d'autres vocations. J'ai calculé,
j'ai vu le bien que je pouvais espérer faire en France,
celui que je ferais certainement en mission, par
ma seule présence au milieu de peuples dénués de
secours religieux. J'ai vu plus tard l'œuvre immense
du clergé indigène dans toute sa gravité, et je suis

parti : et je sens plus fortement que jamais maintenant ce que c'est qu'un missionnaire, et combien il
est nécessaire que notre nombre augmente dans les
proportions suffisantes pour la création des clergés
indigènes. J'ai, il est vrai, et j'aurai, je l'espère,
jusqu'à la fin, le désir du martyre et le regret de ne
pas obtenir cette faveur, dont je suis indigne ; mais
ce désir s'éteint lorsqu'il s'agit de le mettre en pa-
rallèle avec ce que l'œuvre des Missions offre de
réellement solide ; et, vous pouvez m'en croire, ce
n'est pas avec l'imagination, pas même avec des
attraits de grâce sensible, qu'on accomplit cette
portion fondamentale de notre mission. L'homme
vraiment apostolique n'est pas bras ou jambe dans
le corps sacré des Églises : il est tête et cœur. La
tête réfléchit et pèse, le cœur échauffe et enfante
l'héroïsme du sacrifice ; mais le temps de la réflexion est celui de tous les jours, tandis que l'instant du sacrifice est transitoire.

» Voilà, mon cher confrère, quelques réflexions
que je vous soumets, afin que vous puissiez y penser devant Dieu, et voir ce que vous avez à faire pour
obtenir de Mgr la permission nécessaire pour votre départ. Je suis convaincu que si vous faites
une nouvelle demande et que vous insistiez suffisamment, vous obtiendrez ; mais il faut prier
pour être exaucé et frapper pour qu'il nous soit
ouvert.

» Je vous quitte en vous priant ne point m'oublier
· devant Jésus et Marie, en l'amour de qui je suis tout
vôtre

» LUQUET, M. AP. »

M. Luquet était un jeune et habile architecte de
Langres, qui s'était fait connaître par des ouvrages
sur les antiquités du pays. Touché de la grâce, il avait
abandonné sa position et était entré à St-Sulpice, avec
la pensée de ne point mettre de bornes à son dévouement pour la gloire de Dieu. Dans le but de s'en-
durcir à la vie des Missions, il prit l'habitude de ne
plus fermer ses fenêtres en hiver, et de choisir les
aliments qui répugnaient à son estomac. Sa carrière
dans les Missions s'ouvrit d'une manière aussi
brillante que rapide. En cinq ans, il avait passé au
séminaire des Missions étrangères, écrit son ouvrage adressé à Mgr de Langres sur la formation
du clergé indigène dans les Missions, et fait un
voyage aux Indes, où il avait été l'âme du synode de
Pondichéry, et le prédicateur de la retraite sacerdotale donnée à la même occasion. Ayant été chargé par
les prélats et les missionnaires assemblés de rédiger
les actes et de les présenter à Rome, il insista
sur la formation de quatre nouveaux diocèses. Il obtint une partie des demandes ; et le cardinal Franzoni ne vit rien de mieux que de choisir le
négociateur lui-même pour remplir un des nouveaux sièges. Il fut donc sacré à Rome, sous le ti-

tre d'évêque d'Hésébon, par le cardinal Franzoni, dans l'église de l'Oratoire. Mais là, sa carrière se trouva subitement brisée. Les membres d'un ordre religieux crurent trouver une critique de leurs œuvres dans les lettres à l'évêque de Langres, si pleines qu'elles fussent de l'éloge de leurs travaux apostoliques dans le monde entier. Ils s'opposèrent à son retour dans les Indes, et l'on crut devoir leur céder. Une disgrâce universelle sembla peser sur le jeune prélat ; c'est à peine s'il put paraître dans son diocèse natal. Il employa son temps à écrire quelques ouvrages, ou à remplir quelques négociations désespérées avec les révolutionnaires de Suisse. Il était intimement lié avec M. Anne Taïgi, dont il a écrit la vie. Une autre pieuse femme, comme legs de sainte amitié, lui annonça qu'il hériterait de sa maladie, et, en effet, il mourut peu de temps après d'un cancer à l'estomac. Dans les derniers jours de 1845, il fut consulté par l'auteur du présent ouvrage, qui balançait entre les Missions et l'œuvre intermédiaire de l'enseignement pour les Missions, et la prudente réponse fut « qu'on ne pouvait encore préjuger le succès d'une œuvre à son début ; mais, en tout cas, fonder une œuvre collective était en soi préférable à un acte de dévouement individuel. Partir en mission, c'était porter un arrosoir d'eau dans le désert ; créer une œuvre, c'était faire jaillir une source. »

CHAPITRE IV

.

LA CURE DE CUVES

———+·≈·◆·◆≈·+———

Le temps du sacerdoce s'approchait de plus en plus pour l'abbé Brullon, et, en même proportion, l'esprit apostolique semblait l'envahir davantage. Et cependant, malgré les invitations de ses amis et leur profond retentissement dans toutes les fibres de son cœur, ce fut au séminaire de Langres qu'il rentra après les vacances de 1844 pour se disposer à recevoir le sacerdoce des mains de son évêque. Je ne doute point que le sacrifice qu'il fit de son désir de se vouer immédiatement aux Missions ne lui ait été cent fois plus pénible que n'eût été l'idée de s'expatrier pour les destinations les plus périlleuses, mais Dieu se plaisait à le faire marcher par la voie des peines secrètes et ignorées du monde.

Le professeur de séminaire dont nous avons

parlé plus haut avait jeté les premières assises de
son œuvre, qui devait à la fois renouveler l'enseignement chrétien et former, comme celle de Sainte-
Croix du Mans, des pépinières sacrées de frères et
de sœurs pour étendre cet enseignement jusque
dans les missions lointaines. Monseigneur l'évêque
de Langres voyait avec intérêt les entreprises de
ce prêtre, qui pouvait être une des gloires de son
épiscopat. Il pensait que son devoir était d'utiliser,
en les modérant, les talents et les grandes vues du
fondateur. En leur imprimant une salutaire direction, il était plus sûr de les empêcher de dévier
qu'en cherchant à les arrêter. De là, une bonté
toute paternelle à encourager un noyau de jeunes
personnes qui commençait à se former dans
l'obscur village de Cuves, et à soutenir de toute son
influence une œuvre de jeunes gens réunie à
Montmartre, dans le diocèse de Paris.

L'ermitage de Cuves est situé à l'extrémité du
village, sur la route qui conduit à Clémont. Une
petite chaussée, plantée de tilleuls et d'acacias
entre deux potagers, conduit à la modeste chapelle
et lui sert de portique. A travers les branches, le
clocheton de bardeaux se dessine contre le bois
adjacent, et domine l'humble demeure des anciens
ermites de Saint-Jean-Baptiste.

Des souvenirs récents étaient venus rafraîchir
les sentiments de piété qui s'y rattachaient de temps

immémorial. Au plus fort de la Terreur, les prêtres
fugitifs cachés dans les environs avaient souvent
célébré le saint sacrifice dans la chapelle. Un jour,
le vénérable abbé Caumont et deux autres prêtres
y achevaient les saints mystères, quand voici venir
les gendarmes, qui descendent de leurs montures à
l'entrée de la chaussée, et les donnent à garder à
un jeune garçon qui se trouvait là parmi les curieux.
Mais, à peine au seuil de la chapelle, ils sont rappelés
par le galop de leurs chevaux, qui s'enfuient sous
le fouet du malicieux enfant. Pendant qu'ils sont à
courir et à tempêter, enfant et prêtres gagnaient
les bois (1).

C'est dans cette étroite habitation des anciens
ermites que Mlle Adrienne Brocard commença
l'œuvre, en 1840, en faisant la classe aux petites
filles du village. Quand elle se retira dans sa ville
natale pour d'autres bonnes œuvres, la petite pro-
priété passa à d'autres personnes et finalement aux
demoiselles Guyot et Plique.

Mlle Marie-Barbe Guyot était la fille unique de
parents simples et honnêtes de Langres; elle avait
reçu son éducation chez les Dames Saint-Maur, et,
grâce à sa grande facilité, elle l'avait terminée
d'assez bonne heure. La belle et habile jeune fille,
n'ayant pour la retenir que de bonnes gens aveuglés

(1) Récit du vieux sacristain qui avait été le héros de
l'affaire.

par leur tendresse, s'était trouvée face à face avec
les enchantements du monde, où, sans perdre ni la
foi ni l'honneur, elle était prête à toutes les séductions
de la vanité et des plaisirs, lorsque le fondateur de
l'œuvre fut appelé à prêcher le Carême à la cathédrale. Une parole grande et lumineuse était ce
qu'il fallait à cette jeune intelligence, qui avait
besoin de jouissances plus élevées que celles du
monde, et bientôt son cœur fut disposé à tous les
sacrifices. Mais de fortes retraites, une direction
fréquente et vigoureuse et la solitude de l'ermitage
furent nécessaires pour fixer la mobilité de cette
nature, où l'imagination, la sensibilité tendaient
sans cesse à reprendre le dessus.

L'idée fondamentale du dévouement devait se
représenter sans cesse pour imposer silence à
toutes les passions, et alors l'âme, redevenue sereine,
avait un grand pouvoir pour attirer les jeunes
cœurs à l'amour de Jésus-Christ : aussi ne faut-il
pas s'étonner que sous une pareille direction, le
petit pensionnat ait commencé à prospérer.

Monseigneur Parisis connaissait personnellement
Mlle Guyot. « Je viens de recevoir Mlles Laurent
et Guyot, » écrivait-il au curé de Cuves, le 1er décembre 1841 ; « je me hâte de vous dire que
j'ai été fort content de ces pieuses personnes, et
que, sans vouloir rien préjuger, on peut fonder
quelque espérance sur de tels éléments. Travaillez

donc d'abord à les bien pénétrer du double esprit
de foi et de charité ; de foi, pour tout attendre de
Dieu ; de charité, pour ne chercher que Dieu. Je
les ai bénies avec effusion, comme l'Eglise fait
bénir la première pierre d'un temple. Puissiez-vous
en être l'heureux architecte ! »

Le prélat commença dès lors à correspondre par
lettres avec la future fondatrice elle-même, et ses
lettres pleines de bienveillance, étaient celles d'un
père qui se plaît à bien espérer de sa fille.

Pendant les vacances de 1844, Mlles Guyot et
Plique allèrent passer deux mois dans un couvent
de la ville d'Autun, pour se former aux exercices
de la vie religieuse.

Tel était l'état des affaires, lorsque M. Brullon
allait recevoir l'onction sacerdotale. Dans ce même
temps, M. le curé de Cuves, étant d'une faible santé,
dut passer à une cure plus importante, où il n'eût
plus les fatigues du binage. Mgr Parisis trouvait
dans le nouvel ordonné un disciple et un ami du
fondateur, parfaitement propre à seconder ses plans
et à leur imprimer un nouvel élan dans le sens des
Missions. En le plaçant ainsi, il satisfaisait en même
temps son propre désir de conserver son jeune
prêtre, et les aspirations de celui-ci vers une œuvre
de missions et de vie religieuse combinées. La
logique du disciple, son esprit de foi et d'obéissance
absolue à ses supérieurs devaient servir de

contre-poids au génie trop hardi et trop indé-
pendant du maître. Sa maturité et l'austère
gravité de ses manières le désignaient, d'ailleurs, au
prélat comme l'homme providentiellement offert·
pour être le conducteur d'un groupe de vierges
apostoliques. Toutes ces circonstances réunies,
jointes à l'humble hésitation de l'abbé Brullon, déterminèrent le prélat.

L'abbé Brullon, de son côté, reçut la décision
comme venant du ciel, et ne songea plus qu'à se
donner corps et âme à l'œuvre qui lui était pro-
posée. Toutes ses hésitations s'évanouirent, et
Cuves fut à ses yeux le chemin des Missions. Que
ce fût pour lui-même, ou pour ceux qui viendraient
après lui, peu importait, pourvu que Dieu trouvât
sa gloire dans l'entreprise.

Ce fut au commencement du mois de novembre
1844, que le jeune prêtre vint s'intaller à la cure de
Cuves. Il y fut ce qu'il avait été au séminaire,
l'homme de prière, d'étude et de zèle, mais surtout
l'homme du devoir. Aussi commença-t-il par être
le vrai pasteur des deux paroisses, vigilant, actif,
préparant ses catéchismes autant que ses instructions, se faisant tout à tous.

S'il était vraiment curé, il n'était pas pour cela
le prêtre routinier qui ne cherche qu'à faire, vaille
que vaille, la besogne qui se présente. Il cherchait
à faire le bien dans les âmes et à le faire avec in-

telligence. Le confessionnal et le village même
étaient pour lui des écoles où ils s'instruisait de
plus en plus, tout en faisant son devoir sous les
yeux du divin Maître. Il s'était dressé un plan pour
compléter son éducation cléricale et trouvait moyen
d'avoir ses moments réglés pour la prière et l'étude.
Il avait ainsi tour à tour la nourriture du cœur et
l'illumination de l'intelligence, de manière à glorifier Dieu en éclairant les autres. Il voulait être un
véritable portrait du souverain Prêtre, qui trouve
dans son Père adorable la lumière et l'amour infini,
et par là devient le docteur, le médecin et le sauveur des âmes.

Au milieu de toutes ses occupations, on pense
bien qu'il ne négligeait ni l'ermitage ni le petit pensionnat.

Ce fut l'âge d'or de cet établissement; on fut
obligé d'ajouter des classes et des dortoirs à l'ancien logement des ermites ; de nouvelles recrues vinrent s'associer à Mlles Guyot et Flique, et tout prit
une forme religieuse.

Ce fut alors qu'il devint nécessaire de donner à
tout l'ensemble des projets sa forme définitive.

La notice sur l'œuvre fut concertée avec Mgr Parisis et parut avec son approbation. La règle des
sœurs fut de même approuvée. Quoique ce ne fût
encore qu'un essai, le grand prélat ne dédaigna pas
de la corriger minutieusement de sa main. Il savait

4

que dans une œuvre de ce genre, chaque mot doit
être pesé avec soin, médité devant Dieu, et choisi
comme par un instinct prophétique de l'avenir.

Je crois que c'est à M. du Bucquoi, officier de
bouche de la reine Marie-Amélie, que revient l'honneur d'avoir mis la congrégation des Sœurs
sous l'invocation de N.-D.-des-Sept-Douleurs. Ce
vieillard simple et pieux avait rapporté de l'émi-
gration les dévotions italiennes : il introduisit en
France les premiers Chemins de croix, qui se
trouvent maintenant répandus par milliers, jusque
dans les moindres chapelles ; il avait également
introduit la dévotion aux Sept-Douleurs et
le tiers-ordre des Servites ; il avait fait exécuter
deux groupes de différentes dimensions représentant N.-D.-des-Sept-Douleurs selon la vision des sept
Fondateurs, et il en avait distribué un grand nombre
de copies à diverses chapelles ou églises. Le bon
vieillard fut un des bienfaiteurs de la maison
St-Paul, à Montmartre, et, à cette occasion, vint à
connaître le projet d'un établissement de Sœurs dévouées aux Missions : il offrit donc un des groupes,
et obtint aisément que N.-D.-des-Servites fût la pa-
tronne de l'œuvre. Il leur donna depuis un magnifique ostensoir en vermeil exécuté d'après ses
dessins et représentant le cœur de Marie entouré de
rayons combinés avec des glaives, et soutenu par les
Évangélistes.

Tout étant donc ainsi disposé, Monseigneur Parisis vint donner l'habit aux trois premières sœurs, dans la chapelle de l'ermitage. Nous retrouvons, avec les modifications nécessaires, le fond de son allocution dans le sermon qu'il prêcha quelque temps après pour la prise d'habit des Dames de Sᵗ-Loup.

Avec ce coup d'œil prophétique qui ne manque jamais aux grands prélats, initiateurs et premiers pères de toutes les grandes entreprises, il commence, pour ainsi dire, par leur annoncer leur anéantissement au point de vue humain, comme gage de succès célestes. Partant du texte de Sᵗ Paul : *Lorsque je suis faible, c'est alors que je suis fort*, il met en contraste le déploiement de forces et de ressources par où les hommes s'efforcent, mais en vain, de donner la grandeur et la durée à leurs œuvres d'un jour, avec l'humilité et la simplicité qui sont ordinairement le cachet des œuvres divines. S'agit-il de lever une armée, il faut l'autorité des souverains et les trésors des peuples; mais s'il s'agit d'une milice céleste, il suffit d'une âme humiliée, anéantie, dépouillée de tout, ensevelie dans la solitude, à qui Dieu donne un principe de vie et de fécondité. C'est ainsi que les grands ordres religieux ont été fondés. Ils ont dépéri quand ils ont été soutenus par la main de l'homme, et qu'ils ont pu s'appuyer sur la richesse et la faveur.

Aussi le prélat voit-il avec complaisance ces quelques pauvres filles qui commencent une grande œuvre dans un village écarté, n'ayant pour toute richesse que leur dévouement et leur esprit de sa- crifice. Il les exhorte à s'établir de plus en plus dans cet esprit; car la faiblesse et la pauvreté exté- rieures ne serviraient de rien, sans l'humilité et le dépouillement intérieur.

Mais, outre ce caractère général à toutes les épouses du Christ, elles doivent avoir spécialement l'esprit du Calvaire, c'est-à-dire le zèle doux et compatissant pour toutes les âmes rachetées par le sang du divin Agneau, et, en même temps, cette sainte hardiesse, ce courage maternel qui ne craint point les clameurs et les frémissements du monde, et qui se tient debout sous la croix du Rédempteur, prêt à tout office de charité.

Nous voyons quelles furent les saintes joies du prélat dans cette circonstance par une lettre qu'il écrivait quelque temps après à la jeune supérieure. Lui accusant réception de ses lettres, il rend compte ainsi gracieusement de son retard :

« Ce qui nous vient de vous et de votre petit ermitage n'offre rien que de consolant, et c'est là mon excuse. Il y a dans le monde tant de choses qui clochent, tant d'affaires qui pressent, qu'on est contraint de mettre au dernier rang celles qui, grâce à Dieu, ne présentent ni sujets d'inquiétude

ni motifs d'urgence. Ce n'est pas dans cet ordre
que le cœur les placerait; mais c'est ainsi que le
veut le divin Maître. Il est inutile après cela de
vous dire que je suis revenu de Cuves l'âme remplie
de consolations et d'espérance.

» Cependant, il faut bien vous le dire, vous n'êtes
toutes trois que des enfants, dont l'âme a plus de
candeur que de lumière, plus de bonne volonté que
de force, plus d'ardeur que de maturité. Vous avez
donc grand besoin d'acquérir dans la prière, le si-
' nce et la pratique des vertus obscures, les dispositions éminentes qui vous seront nécessaires pour le
temps des combats publics et des grandes épreuves,
qui d'ailleurs se rattachent à votre sainte vocation. »

De ces dernières lignes, on pourrait conjecturer
encore que l'évêque avait un pressentiment de
l'avenir. Du reste, la jeune supérieure fut brisée dès
le commencement de ces combats, et ne sortit point
du frais vallon. Elle fut enterrée le 12 juin 1849,
dans la chapelle de l'ermitage bien-aimé, dont elle
est maintenant la seule gardienne.

Mais ce qui manquait aux trois jeunes filles, le
prélat se réjouissait de le trouver dans leur conducteur. M. Brullon avait sa grande part dans les
consolations du grand évêque, et se montrait digne
de sa confiance, non-seulement par ses soins, mais
encore par son empressement à demander conseil.

4.

Il rendait un compte détaillé de toutes choses au prélat, qui lui écrivait ainsi le 5 août 1855 : « Je ne puis qu'approuver tout ce que vous avez réglé touchant la direction de la très-petite, mais très-chère communauté naissante de N.-D.-des-Sept-Douleurs. Je sais que vous mettez dans l'exécution de toutes ces mesures beaucoup de réserve et de prudence. Vous avez compris qu'il y avait là une combinaison de circonstances auxquelles il faut avoir grandement égard, et je remercie le divin Pasteur de vous avoir donné cette sagesse précoce. »

A cette époque, l'auteur de cette notice partait pour Rome avec deux compagnons de voyage. Il allait demander au tombeau des Apôtres la grâce de trouver une vocation où il pût travailler aux Missions tout en jouissant des avantages de la vie de communauté. Il fit son pèlerinage avec une paix et une joie profonde et revint avec la confiance d'avoir été exaucé, remettant toutefois le choix de la communauté qu'il embrasserait au moment où il aurait pu résigner sa petite cure de Vitry-lez-Nogent. Ce fut à son retour que, rendant compte de ses vues et de ses pensées à son directeur de conscience, celui-ci lui parla de l'œuvre commencée à Cuves comme pouvant répondre à ses vues ; il lui communiqua la notice, et lui conseilla de faire connaissance avec les directeurs de l'Œu-

vre. Le curé de Vitry s'empressa de faire le pèlerinage de Cuves, dont il avait autrefois visité la
petite chapelle. L'abbé Brullon se tint sur la réserve,
voulant laisser tout faire au Saint-Esprit ; mais il ne
laissa pas de gagner le cœur de son aîné dans le
sacerdoce. Il était petit de taille, mais bien fait ; sa
figure était expressive ; ses yeux, noirs et animés ;
son grand front, en partie dépouillé, avait au premier abord quelque chose d'austère, qui était tempéré par des habitudes de bienveillance et de modestie ; sa parole était franche et facile. C'était un
vrai soldat de l'Eglise... Son nouvel ami revenait de
chacune de ses visites plus épris de la suave odeur
de ses vertus, et ce fut avec une grande joie et un
parfait abandon de cœur, qu'il vint se mettre sous
sa conduite, le dernier jour d'avril, au moment où
le mois de Marie allait s'ouvrir à l'ermitage. Déjà les
pieux villageois s'acheminaient vers la chapelle, et
les petites pensionnaires faisaient encore retentir le
vallon de leur ronde naïve sur la *Femme du curé* (1).
Un moment après, leurs fraîches voix entonnaient
dans le cher petit sanctuaire le cantique d'ouver-
ture. Deux beaux mois se passèrent ainsi aux pieds
de la sainte Vierge, dans une sorte de repos laborieux et dans les épanchements d'une sainte amitié.
Le 13 juillet, le supérieur étant venu, un novi-

(1) Le Bréviaire.

ciat régulier s'établit à Chaumont, et les deux amis durent se séparer, sauf à se revoir souvent ; car l'abbé Brullon, toutes les fois qu'il pouvait laisser un instant sa paroisse, franchissait les trois grandes lieues qui séparent Cuves de Chaumont, pour venir partager les leçons des novices. De son côté, l'ancien curé de Vitry était heureux de venir aussi souvent que possible aider son confrère et se retremper auprès de lui dans l'esprit du sacerdoce.

Cependant le nombre des sœurs augmentait, et toutes choses prenaient graduellement une forme régulière. « Ce matin, » écrivait l'abbé Brullon, en date du 22 septembre 1846, « nous avons eu une ordination nombreuse : trois sœurs du tiers-ordre, trois postulantes qui ont pris nom, et trois novices qui ont pris l'habit. Nous avons commencé à 8 h. 1/2 et fini à 11 h. 1/2. Enfin tout va bien ; bénissez-en le bon Dieu, bénissez-en la sainte Vierge. Nous avons solennisé sa fête des Sept-Douleurs *in magnis* ; nous avons érigé la confrérie des associées par une procession à la chapelle, et voilà l'abbé Brullon *correcteur*. »

Ce titre équivaut dans l'ordre des Servites à celui de directeur ; entendu dans son sens étymologique, il convenait bien à l'abbé Brullon, qui semblait, en effet, né pour aplanir les difficultés, et pour conduire les âmes par la droite voie.

Nulle considération humaine ne l'empêchait de

dire la vérité; mais il faisait tout avec un mélange d'amour et d'impétuosité, de vigueur militaire et de tendresse. On lui parlait un jour des défauts d'un prêtre qui lui était supérieur par l'âge et la position, et on lui demandait s'il oserait l'avertir. « Oui, » répondit-il, « je lui dis toujours tout, en pleurant sur son épaule. » D'ailleurs il préparait tous ses succès par la prière; il avait soin d'attirer la rosée céleste sur la terre qu'il voulait cultiver, et cette rosée ne lui manquait point. Dieu fit connaître à une âme qu'il était celui de la Congrégation qui priait le plus, et qui assistait le plus les âmes du purgatoire. Ceci est d'autant plus étonnant qu'il semblait, d'autre part, le plus occupé du ministère et des œuvres extérieures, sans parler du marteau et de la scie que sa complaisance lui remettait souvent en main.

Ainsi se passèrent ces jours si bien remplis par le travail, l'étude et la prière; aussi ne faut-il pas s'étonner que la bénédiction semblât s'attacher à ses pas, tellement qu'elle sembla quitter le vallon lorsqu'il en sortit.

CHAPITRE V

LE PÈLERINAGE

———›×‹———

Le 26 août 1847, jour de St Augustin, l'abbé Brullon, déjà affilié aux Servites, prit l'habit religieux, sous le nom de Père Bernard. Il ne faut point s'étonner de la prédilection de notre ami pour St Bernard : Clairvaux, dont ce grand saint fut le fondateur, n'est qu'à une lieue de Dinteville. Sa transformation en prison désole les souvenirs, mais n'a pu les effacer. Sous ses grands ombrages, le cœur cherche encore la robe blanche du maître et les sons de sa voix ; aussi le nouveau religieux prit-il son nom, comme celui d'un ancêtre spirituel. Il fut alors décidé que les deux premiers Pères iraient à Rome pour obtenir un bref laudatif du Saint Père, et de là compléteraient leur pèlerinage par la visite des Lieux Saints en Palestine, laissant aux deux

autres à garder les postes de Cuves et de Montmartre.

Ils quittèrent la vallée de Cuves le 13 septembre
1849; puis, après avoir passé quelques jours à Langres pour rédiger le mémoire à présenter au Saint-
Siége et le faire approuver par l'autorité diocésaine, ils prirent congé du prélat, et partirent
avec sa bénédiction.

Nous avons un journal du voyage du Père Brullon. Ces notes, écrites à la hâte, n'ont rien qui sente
le touriste vulgaire, faisant le savant à l'aide du
Guide du Voyageur, et jugeant en docteur toutes
les curiosités banales. C'est un vrai journal de
pèlerin qui cherche avant tout ce qui tient à la
gloire de Dieu et au salut des âmes. Les sanctuaires, les grands souvenirs religieux, les cœurs
apostoliques, les couvents où l'âme s'édifie et se
met en union d'œuvres et de saints désirs; les
associations sacerdotales où l'on aspire à glorifier
l'Église par la science et la sainteté ; voilà ce que
cherchaient les deux voyageurs, voilà ce qui occupait le père Brullon, lorsque le soir, avant de
prendre son repos, il enregistrait ses souvenirs.

Il ne faudrait cependant pas croire qu'il fût
insensible aux grands spectacles de la nature et
des arts. Ses notes font preuve de cet instinct et
de cette pureté de goût qui tiennent à la simplicité
d'une âme élevée, et qui valent mieux que l'érudition.

Mais il ne parle de ce sujet que par accident, et sans prétention; ses souvenirs se fixent de préférence sur les confidences de la veillée sacerdotale et sur les ressources qu'offrent les différents pays pour la science, la vie religieuse et le service de l'Église.

Aussi ce journal est-il trop intime et d'un intérêt trop spécial pour que nous puissions en donner autre chose que des extraits.

Nos pèlerins faisaient généralement par jour dix ou douze lieues à pied, le sac sur le dos, tout en accomplissant leurs exercices spirituels. Le soir, ils quêtaient le repas et l'hospitalité pour la nuit. Les lieux de bénédiction, de science ou de sainteté marqués par des souvenirs monastiques ou par des fondations récentes déterminaient leurs étapes. Partout ils cherchaient à répandre le feu sacré et se plaisaient à penser qu'à leur départ, plus d'un jeune séminariste ou vicaire de paroisse rêverait Missions étrangères, ou chercherait la science avec plus d'ardeur. En retour, ils recevaient de hauts encouragements, des renseignements précieux et des sujets d'édification.

Le lendemain, ils célébraient la sainte Messe au sanctuaire vénéré et reprenaient leur pèlerinage.

Notre-Dame-de-Gray et Notre-Dame-de-Joux eurent leurs premières visites; l'une reprenant doucement sa vieille popularité; l'autre, comme la Madone

5

de *l'Ara Cœli,* au Capitole, se reliant, à travers des
âges de bénédiction, au souvenir de Jupiter détrôné.
De là, après avoir contemplé, du haut du mont
Roland, cette vaste et riche plaine où la géologie
voit le bassin d'un lac dont le Jura, la côte d'Or et
les montagnes de Langres étaient les rivages, ils
redescendirent et visitèrent Dôle et les pieux établissements groupés autour de son collège alors désert.
Puis vint Citeaux, spécialement cher au P. Brullon,
comme berceau de la vie religieuse de S. Bernard.
Avec quel intérêt ses yeux contemplaient ce coin
du monde où le grand homme s'était rempli des
vertus qui remuèrent l'Europe dans l'intérêt de
Dieu, ces chemins qui avaient vu pendant des
siècles la foule des abbés se rendre aux chapitres
généraux de l'Ordre; cette vallée, le foyer d'un des
plus grands mouvements religieux du moyen âge.
Le site est admirable; mais des superbes bâtiments,
on ne voit plus que des lambeaux mutilés. Le
mieux conservé, l'abbatiale, est le centre d'une
colonie agricole dirigée par les frères de S. Joseph;
et c'est une consolation de voir ces lieux encore
sanctifiés par une œuvre de miséricorde. Ce n'est
cependant pas sans douleur et sans humiliation
que l'âme délicate du P. Brullon put s'habituer à
voir le sarrau du jeune détenu du 19me siècle
remplacer la blanche robe du disciple de S. Bernard.

A Fontaine-lez-Dijon, nouveaux souvenirs de

l'abbé de Clairvaux, dont le lieu de naissance est
redevenu un sanctuaire sous les mains de M. l'abbé
Renauld.

A Dijon, le premier centre important que le père
Brullon eût visité, son impression fut l'angoisse
d'une âme apostolique. « Comment un pauvre prêtre
pourra-t-il un jour essayer de soulever vers Dieu
ces masses de peuple, si actives, si préoccupées, si
orgueilleuses, si appesanties dans leurs préjugés
et leur sensualisme? » Les églises transfor-
mées en halles sont une triste image des pertes
de la foi; mais le regard se console dans
l'élégante et chaste beauté des églises de Saint-
Bénigne, de Saint-Michel et de Notre-Dame, où
l'on aime à trouver comme le type de la partie religieuse de la population.

Nous ne suivrons pas le père Brullon dans ses
visites à Beaune, à Châlons, à l'abbaye de Saint-
Marcel(1), à Saint-Philibert de Tournus(2), à Mâcon.

(1) La remarquable église romane de Saint-Marcel est
presque tout ce qui reste de cette abbaye, qui fut d'abord occupée par les moines de Saint-Colomban et richement dotée par
saint Gontran, roi de Bourgogne. Elle fut bâtie au lieu même
du martyre de saint Marcel, apôtre du Châlonnais, dont elle
possède les précieuses reliques. On montre encore dans une
chapelle latérale une fosse revêtue de maçonnerie où la tradi-
tion affirme qu'il demeura pendant trois jours enterré vif jusqu'à la ceinture et consomma son martyre.

(2) Saint Philibert souffrit dans le même temps que saint
Marcel. On conserve son corps presque entier dans son église de

Les notes de notre cher voyageur prouvent que
la France a conservé plus qu'on ne le croit com-
munément de traditions pieuses et de souvenirs du
passage des saints. La révolution, au lieu de les détruire, n'a fait que les raviver, en y ajoutant des
épisodes dignes des premiers âges.

Un poëte, dont nous déplorons la chute, n'a su
exhumer des chroniques du voisinage de Mâcon,
qu'un souvenir isolé de faiblesse et d'infamie sacerdotale, celui d'une âme élevée jusqu'au ciel, puis
tombée dans la fange et cherchant à draper sa
honte sous le manteau du rêveur de l'avenir. Voilà
ce que le poëte veut que nous admirions et suivions
avec lui. Mais, pour un Jocelyn, que de prêtres édi-
fiants dont la vie pendant la Terreur fera longtemps
encore l'entretien des veillées !

Ainsi le vétéran du sacerdoce qui faisait à nos
pèlerins les honneurs des imposantes ruines de
Cluny, avait terminé ses études cléricales sous la
conduite d'un vertueux prêtre, au fond d'une gorge
solitaire, du côté de Beaune. Vivant de chasse et
d'aumônes, il passa pieusement le temps de l'affreuse
tourmente, et chaque jour, tandis que les plus nobles sanctuaires étaient le théâtre du vandalisme

Tournus, un des plus anciens et des plus curieux monuments
que possède la France. L'église souterraine est fort antérieure
aux constructions du IXᵉ siècle qui la surmontent. (Extrait du
journal.)

ou des plus odieuses profanations, il servait la
messe dans la solitude, jusqu'au jour où il put offrir
lui-même la Victime sainte pour notre malheureuse
patrie.

A Cluny, les démolisseurs ne purent tout détruire; leur marteau semble être resté aussi im-
puissant devant une partie de la vaste église et
des autres constructions que devant le cloître
naturel de ses montagnes, et la majesté de ses
souvenirs.

Les humbles sœurs de Saint-Joseph ont trouvé
la mémoire des moines encore toute fraîche de vénération. Et les voilà qui rivalisent de gloires chrétiennes avec leurs devanciers. Ces bonnes filles ne
sont que d'hier, et déjà on dirait presque ce que
Tertullien disait des fidèles de son temps, qu'elles
remplissent le monde.

Après Bourg et Trévoux, le curé d'Ars ne fut pas
oublié. La glorieuse popularité de M. Viannay était
dès lors établie. « Sa réputation de sainteté, » dit
le P. Brullon, « attire dans son pauvre village un
nombre considérable de pèlerins, qui s'y rendent
de plus de vingt ou trente lieues, et qui viennent
prier dans ce rustique sanctuaire et recevoir les
conseils et les consolations du curé. Il s'y est opéré
par son moyen des guérisons miraculeuses en grand
nombre. Nous avons prié quelques instants dans ce
lieu, où réellement on sent comme l'émanation d'une

vertu surnaturelle. Ayant à grand'peine fait sortir
le vénérable curé de son confessionnal, qu'il ne
quitte guère, nous lui avons recommandé nos
œuvres. Il nous a reçus très-bien, et nous a promis
de prier pour nous. L'air de son visage, ses manières et son court entretien ont justifié, autant
que possible, à nos yeux, l'opinion des peuples sur
sa sainteté. »

Le cœur de nos pèlerins les conduisit ensuite à
Fourvières, chez les excellents Pères Maristes. Je
dis Fourvières, et je ne me trompe point, car Fourvières, c'est Lyon.

En vain, sur les rives des deux fleuves, les maisons se dressent comme des montagnes; en vain la
ville elle-même est comme un immense laboratoire,
où la pensée semble devoir être étouffée au milieu
du bruit des métiers, de la fumée des fabriques, et
du conflit des intérêts. Fourvières domine tout, et
la sainte Vierge, du haut du vieux forum (1) dont
elle s'est emparée, règne dans les cœurs. Elle a
autour d'elle une ceinture de maisons saintes, dont
les prêtres et les religieuses se répandent sans cesse,
non pas seulement dans la ville, mais dans les pays
idolâtres les plus reculés. Dans les Lyonnais, l'esprit
mercantile, béni par Marie, semble avoir perdu sa
nature perverse et être devenu un apprentissage de

(1) Fourvières, à *foro vetere*.

fidélité, de persévérance, de bon sens et de courage pour le commerce du salut des âmes.

Ainsi, dans chaque pays, le P. Brullon cherchait à connaître l'esprit religieux qui l'animait, les espérances qu'il pouvait donner pour les futures destinées de la foi, et les dangers qu'il pouvait courir.

A Grenoble, à Gap et à Digne, il trouva un clergé actif et des populations vigoureuses, qui le remplirent de confiance. Nos voyageurs virent en particulier l'évêque de cette dernière ville, et semblent avoir pressenti le grand archevêque de Paris dans Mgr Sibour. Ils voient en lui « l'un des premiers évêques de France, distingué par la lucidité de son esprit, et par une force de volonté aussi énergique qu'elle est calme et constante. » Le prélat, de son côté, les accueillit avec une bonté toute paternelle et avec des témoignages d'une extraordinaire sympathie.

Nous ne suivrons point le P. Brullon à la Chartreuse, à Chalais, à la Salette, à Notre-Dame-du-Laus Tous ces lieux sont familiers à la plupart de nos lecteurs. Le témoignage de nos deux voyageurs vient simplement s'ajouter à celui de tant de milliers de pèlerins qui viennent chaque année dans ces lieux porter le tribut de leur foi et de leur vénération.

Riez et N. D. de Beauvoir sont moins connues. La première, ville épiscopale de la vieille Gaule,

est située dans une de ces gracieuses vallées qui
font contraste avec les coteaux brûlés de la Provence. Quatre belles colonnes de granit, couronnées
de leurs entablements sont, au milieu d'une prairie,
les solitaires témoins de son ancienne grandeur.

Moustiers doit son nom et son origine à la principale colonie des moines de Lérins. On montre
encore les restes des laures au pied des deux rochers qui terminent en ce lieu la chaine des Alpes.
D'abondantes sources fertilisent la vallée à l'aide
du soleil de Provence, et sont comme le symbole
de la grâce attachée à ces lieux bénis. Entre les
rocs, les moines avaient élevé le sanctuaire de
N. D. de Beauvoir, que S. Sidoine Apollinaire visita
vers l'an 430, en compagnie de l'évêque S. Fauste.
Il y laissa, en souvenir de sa visite, un distique
latin qu'on lit encore à l'entrée de la chapelle et
ailleurs :

> Belvisura vocor; diffundit lumina nomen;
> Lumina nostra petens, limina nostra petat.

Les Servites succédèrent aux moines dans le
14e siècle, et l'on voit encore les restes de leurs enclos.
Ces religieux ont disparu à leur tour. Mais le sanctuaire de la Vierge est encore là, entre ses deux
tours gigantesques de roc massif, se gardant lui-
même, et attirant la foule des pèlerins.

Le 5 novembre, nos voyageurs longeaient la mer

de Fréjus à Cannes, charmante petite ville, qui
leur offrait un délicieux repos, en face de sa rade
tranquille et des îles de Lérins. Un des vicaires de
la ville obtint un canot du commandant de la station
militaire, pour les conduire aux îles fameuses. C'est
dans la plus petite que S. Honorat fonda ce monastère d'où sortirent avec S. Vincent tant de personna-
ges célèbres. On voit encore des restes considérables
de l'église; et le monastère bâti comme une forteresse pour résister aux pirates, subsiste presque
entier (1).

Le 8 novembre, le P. Brullon célébrait sa dernière messe sur le sol de France à Sᵗ-Laurent-du-
Var; et nous pouvons le croire, lorsqu'il consigne
son émotion profonde en priant pour la patrie et
pour ceux qu'il y avait laissés. Nice, Mentone, encore
italiennes, Ventimiglia, San-Remo, Alassio, Finale,
les attendaient le long de la délicieuse Corniche.
Les orangers dans les fonds, les pins odorants sur
les hauteurs parfumaient l'atmosphère. Dans ce
temps-là, chaque ville, chaque bourgade avait encore
ses monastères, qui semblaient jouir de leur reste,
en offrant l'hospitalité aux pèlerins avec la cordialité la plus touchante. Depuis, nos Vandales ultra-civi-
lisés ont expulsé Franciscains, Jésuites, Oblats de

(1) Depuis le passage du P. Brullon, Lérins a retrouvé sa colonie monastique sous la conduite du R. P. Marie-Bernard; mais
l'église est encore à rebâtir.

Marie, et autres, en leur faisant grâce de la vie :
ils ont saisi ou vendu les monastères, où le pauvre
et l'étranger seraient étrangement reçus par les
nouveaux maîtres.

Mais Savone est là pour nous dire qu'heureuse-
ment l'impiété n'a pas éternellement le dessus. « A
Savone, » dit notre voyageur, « nous avons eu le
bonheur d'être introduits dans les appartements où
Pie VII a été retenu prisonnier pendant près de
trois ans. Ces appartements sont conservés avec les
ameublements dont le saint Pontife s'est servi. Nous
avons pu nous agenouiller sur le prie-Dieu même,
devant la modeste image de la Vierge, là où il a
prié tant de fois avec tant de ferveur. Nous avons
vu le lit où il a sans doute passé bien des nuits
sans sommeil ; la terrasse d'où, trois fois par jour,
il bénissait le peuple ; la tribune du haut de laquelle
il assistait aux offices de la cathédrale. Aucun lieu
ne nous a plus profondément ému que cette prison
d'un des plus héroïques défenseurs de l'unité catholique. Séparé de ses cardinaux, oublié d'un grand
nombre d'évêques, le pape se trouvait seul à représenter l'Eglise tout entière, et l'Eglise tout entière reposait dans ces murs ! »

Partout le P. Brullon portait le souvenir des
âmes qu'il avait dirigées, il les présentait à tous
les sanctuaires ; et, de temps en temps, il dérobait
quelques moments au repos pour envoyer aux

sœurs et aux enfants de Cuves quelques mots
d'édification. Ainsi, à Gênes, il se soustrait aux
enchantements des palais de marbre, des églises
dorées et du splendide panorama de la rade, et,
après avoir dit la messe aux Annonciades sur le
corps de la B. Fornari, il écrivait aux sœurs, en
date du 13 novembre :

« Nous avons vu bien des choses capables d'en-
flammer le zèle de tous ceux et celles qui se sont
voués au salut de leurs frères. Il s'élève en France
beaucoup d'œuvres très-belles, beaucoup de congré-
gations de femmes très-florissantes, très-ferventes
même. Cependant aucune, selon nos desseins, n'a
un but plus important, plus élevé que le vôtre.
Donc, il ne faut pas rester en dessous de votre
tâche ; il faut vous élever bien haut en piété et en
science, pour pouvoir répondre à votre fin. Malgré
tout le bien qui se fait, malgré tout le zèle que
beaucoup d'âmes pieuses déploient, il est certain
qu'il y a d'immenses maux à soulager, et que de
vraies sœurs du Calvaire peuvent seules panser un
grand nombre de ces plaies profondes et douloureuses de l'humanité. Mais, comprenez-le bien, de
vraies sœurs du Calvaire ; tout embrasées de zèle,
de charité et d'ardeur, savantes, fortes, coura-
geuses. » Puis il les entretenait d'un délicieux rêve
d'être le conducteur d'un escouade de sœurs à
établir à Jérusalem, près de la sainte Montagne.

Les deux voyageurs comptaient continuer leur
pèlerinage en parcourant les villes et les sanctuaires de la haute Italie. Mais les troubles de cette
époque rendaient la police autrichienne plus om-
brageuse que jamais, surtout à l'égard des Français pauvres, Ils firent donc leurs adieux aux bons
frères de la Doctrine chrétienne, qui, en qualité de
compatriotes, leur avaient donné une bien douce
hospitalité, et s'embarquèrent pour Livourne. Le
18, Pise leur montrait sa place merveilleuse, sa
cathédrale, son baptistère, son Campo-Santo et
sa tour penchée ; vinrent ensuite Florence, avec ses
palais, ses musées, ses églises, ses collines cou-
vertes de villes ; Cortone, sur sa butte qui se mire
dans le Trasimène ; Arezzo, avec ses antiquités
étrusques ; Assise, avec les riches souvenirs du pauvre S. François ; puis enfin Foligno et Otricoli,
dernières étapes avant d'arriver à la cité sainte.

Ils achetèrent leurs jouissances par bien des
peines et des fatigues, le P. Brullon surtout. Sachant peu d'italien, il prenait sur lui, autant qu'il
pouvait, le soin de pourvoir à tout, et, de plus, il
portait dans le cœur une peine secrète qui le
minait et empoisonnait ses joies. Mais les consolations l'emportaient sur les peines. Dans ce voyage
de plus de 300 lieues, il n'avait pas passé un jour
sans dire la sainte Messe, et souvent dans les lieux
les plus aimés du ciel et de la terre. A Florence,

c'était au berceau de l'ordre des Servites ; à Assise,
au tombeau de S. François. D'ailleurs, s'il portait
jusqu'au milieu des spectacles les plus émouvants,
les épreuves et les nuages de la foi, après tout,
que cherchait-il, si ce n'est amour, prière et sacrifice? Tour à tour, son cœur se dilatait de reconnaissance pour une réception cordiale, et pour la joie
plus mystique d'être traité comme un aventurier,
et, après l'épuisement d'une longue marche, renvoyé
plus loin pour chercher le pain et le gîte du soir.
Une autre grande consolation pour lui, c'était
d'obtenir dans les couvents et les monastères une
communauté de prières et d'œuvres saintes, surtout
pour l'œuvre de Cuves.

CHAPITRE VI

ROME ET LORETTE

Ils arrivèrent à la Cité sainte le premier dimanche de l'Avent, 28 novembre 1847, et leurs premiers pas les conduisirent inopinément devant l'église Saint-Pierre, au moment où le souverain Pontife en sortait et bénissait la foule prosternée sur son chemin. Ils furent heureux de s'y trouver humblement confondus pour recevoir dès lêur entrée une bénédiction de si bon augure.

D'après les relations, le P. Brullon s'était figuré Rome à moitié déserte : de vieux palais, des ruines et du silence; il en vit avec d'autant plus de plaisir les magnificences de la Cour romaine et les équipages des cardinaux défilant à travers une foule toute vibrante d'un respectueux enthousiasme. Une chapelle papale tenue peu après au mont Quirinal acheva d'offrir à ses yeux, sous une forme plus calme, la plus haute représentation de l'Église sur la terre après les conciles généraux.

Le P. Theiner, de l'Oratoire, fut le premier ecclésiastique romain avec qui les deux voyageurs entrèrent en relation. Il les traita en amis, et leur continua sa bienveillance pendant tout leur séjour. Il les conduisit au couvent de la Minerve, où Mgr Valerga, le jeune et brillant patriarche de Jérusalem, leur montra, dès leur première visite, cette bonté qui fait tout espérer, tout oser, parce qu'elle ose tout elle-même. Ils furent reçus à bras ouverts par le cardinal Franzoni, qui promit d'appuyer, en tout, leurs projets, qu'il connaissait déjà, et de leur donner audience chaque fois qu'ils en auraient besoin. Monseigneur Bartolomeo, prosecrétaire de la Propagande, le cardinal Orioli, le prélat secrétaire de la congrégation des Réguliers, et plusieurs autres leur firent de semblables promesses. Le P. Ventura, chez les Théatins, fut encore un de leurs fidèles amis. Le P. Newman était alors à Santa-Croce, se préparant à la fondation de l'Oratoire en Angleterre. Ils ne firent que l'entrevoir; mais ils regardèrent sa rencontre comme devant leur porter bonheur. Tout semblait se disposer favorablement pour leurs desseins, et, le 15 décembre, ils furent admis à l'audience du Saint Père au Quirinal.

Sa Sainteté les accueillit avec sa bonté accou-
tumée, écouta l'humble exposé de leurs œuvres
avec un intérêt marqué, et daigna tout encourager. Pie IX insista sur la nécessité de combattre
le gallicanisme et de l'extirper jusqu'à la dernière
racine. Le récit de leur pèlerinage à pied parut
l'intéresser ; il les encouragea à le poursuivre jusqu'à Lorette et Jérusalem. A trois reprises différentes, il parla de l'évêque de Langres comme
d'un des plus vigoureux champions de l'Église ; et
ce qui toucha le P. Brullon plus encore que les
éloges, ce fut le ton de fraternité épiscopale avec
lequel ils furent exprimés.

Enfin, après leur avoir recommandé de dire au
prélat combien il le bénissait, ainsi que tout son diocèse, le Saint-Père les bénit eux-mêmes avec cet
accent de cœur et cette effusion dont il a si bien
le secret, et qui pénètrent si profondément les
âmes.

Il ne restait plus qu'à attendre le décret laudatif ;
ils s'établirent donc d'une manière plus perma-
nente dans un pauvre logement, au troisième
étage, Via dei Cestori, 42. Chaque jour, après avoir
célébré leurs messes dans quelqu'un de ces sanctuaires qui forment à Rome une chaîne non interrompue des souvenirs de dix-huit siècles, ils
allaient trouver une utile diversion à la bibliothèque
des Dominicains de la Minerve, ou dans le cabinet

d'étude de celle de l'Oratoire. Les soirées se passaient à visiter hommes et monuments, à suivre
des cours, ou à conférer sur leurs études et leurs
affaires, en se promenant dans l'arène du Colisée
ou sous le portique de saint Paul.

L'étude du grand livre que Dieu lui-même a pris
soin d'imprimer sur les rives du Tibre était sans
doute pleine de charme et d'attrait pour leur
cœur et leur intelligence; mais, d'autre part, leur
vie était si pauvre et si dure que le P. Brullon,
moins robuste, faillit succomber; cependant, il se
remit bientôt, et reprit sa vie de retraite, d'étude et
de pieux pèlerinages.

Mais des événements de la plus haute gravité se
passaient en Suisse, à Paris, à Vienne; le décret
laudatif avait été donné. Après une excellente visite
de congé au Saint-Père, il fut décidé que le Supérieur retournerait en France, tandis que le P. Brullon partirait pour Lorette, en attendant qu'on pût
obtenir son passage gratuit à la Terre Sainte sur
les paquebots de l'État.

Il reprit, en effet, le bâton de pèlerin et partit
le 31 mars.

L'Agro Romano avait déjà revêtu sous les premières brises du printemps un aspect moins lugubre. Le magnifique soleil qui l'éclairait, et la teinte
de verdure naissante qui luttait entre le sol durci
et les mousses vieillies, faisaient parfaitement res-

sortir ce que cette *campagne* a d'imposant et de
sublime. Terre à la fois consacrée et maudite,
tombeau de l'ancien monde, et foyer de vie du
nouveau, il est impossible ne ne pas sentir un sai-
sissement profond en voyant ce grand cimetière
d'empires, s'étendant autour du sanctuaire où rè-
gnent la vie et la paix.

« Pendant que, dans votre confessionnal, » écrit-
il à son ami de Cuves, « vous travaillez au salut
des âmes, votre frère était sur les grandes routes, à travers les hautes montagnes, cheminant
seul, le sac sur les épaules, sous le soleil ou la
pluie d'Italie. Mon voyage a été bon, très-cher
Père, parce que d'abord il a été dur comme il
convenait de le faire à la fin du Carême. Je
demande strictement l'aumône tout le long du chemin, de sorte que je n'ai eu à payer que mes frais
de chaussures. Mais je vous confesserai bonne-
ment que mendier est une pénible chose, et je
comprends mieux maintenant pourquoi le Fils de
l'homme fait expressément remarquer qu'il n'avait
pas un lieu où reposer sa tête. Et quand, un jour,
nos novices s'ennuieront à la maison, nous les
enverrons faire une petite tournée semblable. Ils
verront ce que c'est que de courir toute une ville
pour trouver son gîte, le sac sous le bras, quand
on l'a porté pendant 9 ou 10 heures sous les feux
du jour. Et puis ils apprendront comment on se

remet d'une longue journée de marche avec un bon
plat de choux verts à l'huile chaude, qu'il faut recevoir avec reconnaissance, trouver excellent, et après
lequel il faut dire poliment : *Basta, basta;* c'est tout
ce qu'il faut; et puis gagner son lit de paille.

» Voulant revenir pour la Semaine sainte, je devais
marcher un peu vite; aussi je fis quelquefois jusqu'à 30 milles dans un jour, à peu près le double
des bataillons de volontaires romains qui volaient
à la défense de la patrie, et au milieu desquels je
cheminais de temps en temps. Aussi je l'ai payé :
j'ai eu les pieds blessés tout le long du chemin.
Mais il n'y a vraiment d'utilité à vous dire cela,
qu'en ajoutant que ce n'est vraiment rien, tant
Dieu aide à le supporter. »

Le journal nous laisse entrevoir les divers endroits où le pèlerin rencontra si maigre hospitalité;
d'autres où il est reçu avec la délicatesse et les
manières distinguées qui sont si remarquables en
Italie, partout où les talents, l'éducation et la charité se trouvent combinés. A Népi, c'est dans un
petit couvent de Servites, dont l'église est très-jolie,
et la maison parfaitement tenue :

« Charmants et excellents jeunes gens, au teint
frais comme de jeunes pensionnaires, et pleins de
ressources qui restent enfouies et perdues, mais
que la tempête pourra exciter et rendre utiles à
l'Église. »

Près de Foligno, ce sont des capucins, dont la charité cordiale et la politesse font paraître la pauvreté toute dorée. A Macerata, ce sont nos Lazaristes, avec leur régularité et leur tenue française. A Tolentino, ce sont les Augustins, gardiens des reliques de saint Nicolas.

Partout le P. Brullon ne demande pas mieux que de s'édifier, même dans les monastères moins réguliers ; mais partout aussi, son refrain est : « Que font donc ces hommes ? Ils pourraient former une admirable et puissante milice... Que Dieu fasse donc souffler son esprit pour dissiper la paille et la · poussière, et donner au bon grain · sa germination vigoureuse ! »

Du reste, la tempête se montrait déjà aux quatre points de l'horizon. Les volontaires romains se pressaient sur les routes, sans trop savoir où ils allaient. Les marchés et les places publiques offraient tous les symptômes de l'effervescence populaire : Gavazzi, non encore tombé dans la boue, pérorait à Foligno ; les Jésuites étaient dispersés. Plusieurs anciens monastères à demi transformés en casernes, présentaient le singulier spectacle de la licence militaire se mêlant à des restes d'observances monastiques. Le vieux clergé, les hommes d'un autre âge étaient inquiets et ne prévoyaient que désastres, tandis que les hommes de mouvement, et dans le nombre une foule de jeunes prêtres et de religieux, sentaient leurs âmes frémir dans l'attente des combats.

A qui donner raison? Le fait est que les folies et les faiblesses des hommes dépassent toujours nos prévisions, et que les ressources et les merveilleux dénouements de la Providence dépassent encore davantage nos rêves les plus brillants. Notre pèlerin sympathisait avec les hommes d'espérance. Quand il se trouvait à marcher avec les volontaires, il sentait bouillonner en lui le sang du soldat de l'Empire; et cependant, des pensées bien différentes agitaient son esprit et son cœur.

Le 6 avril, il était sur la magnifique place de Lorette, en face de la Basilique, où les ogives gothiques se mêlent aux pleins cintres de la Renaissance; mais ce ne sont pas les merveilles de la structure, ni les marbres magnifiques, ni la gigantesque coupole; ce n'est pas le trésor, ni le nombre des lampes, ni la robe de diamants, ni la foule des prêtres, des chanoines et des pèlerins, qui occupent avant tout le cœur sacerdotal. C'est la *Santa Casa*; ce sont les murailles de pierre rembrunie, où le ciel est descendu pour habiter la terre, et que les anges ont transportées. « Là, » dit le P. Brullon, « là, la sainte Vierge a été conçue, est née, a vécu, a souffert; là, le Verbe de Dieu s'est incarné; là, Jésus a été nourri, élevé; là, il a travaillé, prié, souffert, conversé avec Marie; là,

se sont passés ces entretiens ineffables dont nous
ne connaîtrons le secret qu'au ciel; là, saint Joseph
a nourri Jésus et Marie au prix de ses sueurs; là
il est mort; là est le sanctuaire de la sainte
Famille.

» Quand ces courtes pensées ont traversé l'esprit
et le cœur, on reste à genoux sans plus rien voir
ni entendre; on prie, on pleure, on baise ces
pierres sacrées, et de longues heures se passent
sans qu'on puisse dire ce que l'on a fait dans ce
lieu béni. On se souvient seulement que le cœur a
beaucoup vécu, et l'on traverse les longues nefs de
l'église et les rues, dominé par le besoin de revenir
promptement au milieu de ces pierres noires, et d'y
demeurer. »

Après avoir présenté à Jésus et à Marie dans ce
lieu tout céleste les vœux de ses amis, ses propres
besoins, ses peines et ses désirs, le P. Brullon se
sentit l'âme encore plus remplie de confiance,
d'une confiance qu'elle n'avait jamais eue, et qu'il
lui était comme impossible de ne pas avoir. Le
dimanche de la Passion, il y célébra une quatrième
fois la sainte messe. « Puis, » dit-il, « m'étant jeté
contre la sainte muraille, je laissai aller mon âme
aux sentiments qui l'inondaient en apercevant, en
arrière, trente ans de souffrance; et en avant, un
avenir très-incertain, extraordinaire, et, à coup sûr,
très-rempli de travaux et de peines.

» Toujours des départs, toujours des séparations, toujours marcher et changer ! A 300 lieues de la patrie, de la famille, je sentais mieux que jamais la vie telle qu'elle est : un dur et douloureux pèlerinage. Enfin toutes ces émotions laissèrent dans mon âme un sentiment unique plus vif que je ne l'ai jamais eu : celui d'un profond mépris pour les choses du temps, et un immense désir du ciel. C'est sous cette impression que je m'arrachai, comme je pus, du sanctuaire, et que je repris le plus promptement possible la route vers Rome. »

Le dimanche des Rameaux, 17 avril, il rentrait dans Rome par la même voie Cassienne qu'il avait suivie à son départ. Une calèche s'était offerte pour la dernière étape ; mais, quoique très-fatigué, il préféra rentrer en pèlerin, seul avec ses pensées.

En arrivant de ce côté, c'est Sainte-Marie-Majeure qui s'offre d'abord en vue au détour d'un petit bois de genêts et d'oliviers sauvages. Bientôt après, sous les feux du soleil couchant, la Cité tout entière, descendant vers le Tibre en sept collines, se déroulait devant lui. Plus loin la vaste plaine allait d'un côté perdre ses ondulations au pied des Apennins, encore couverts de neige, et de l'autre, se confondre à perte de vue avec la mer. « Ce n'est pas une vision céleste, » dit le journal, « ce n'est

pas un spectacle purement naturel... c'est la vision
de l'Église catholique. S'il est vrai que pas un
cheveu de notre tête ne croît et ne tombe sans
l'action positive de la Providence ; s'il est vrai que,
dans le temps, la fin des opérations extérieures de
Dieu, c'est l'Église ; s'il est vrai qu'il établit une
harmonie parfaite dans ses œuvres, il a dû préparer ce lieu avec un soin spécial, pour être un symbole parfait de cette sainte Fiancée.

» Et, en effet, voilà ce que Rome m'apparaissait,
non pas en conséquence de théories précédentes,
mais comme leur vérification. Le monde au milieu
duquel la sainte Sion est assise, est comme un
jardin que la malédiction divine a bouleversé. Elle
est fondée sur les débris d'une nature puissante et
coupable qu'elle a recueillis et glorifiés.

» Elle est dans le monde, et isolée du monde par
une région qu'on ne peut habiter. Car personne ne
se tient entre elle et le siècle. Ou bien on s'éprend
d'amour pour elle, et l'on se précipite vers ses pra-
tiques sacrées, ou bien on s'en éloigne avec dédain,
séduit par les prestiges, les délices et les pompes
du monde. L'Église est dans le monde, sans vivre
du monde : elle reçoit de lui le léger tribut de ses
biens, en échange des grâces qu'elle verse sur lui ;
mais elle demeure étrangère à l'absorbante activité de ses travaux et de son négoce, étrangère à
ses enivrements. Le siècle, dédaignant l'Église, qu'il

6

ne voit que sous de chétives apparences, veut sans
cesse orgueilleusement agir sans elle ; puis, quand
il tombe épuisé par ses efforts insensés, aveuglé
par la poussière qu'il a soulevée, c'est l'Eglise qui
vient tout relever et tout rétablir. L'Eglise apparaît
obscure, pauvre et impuissante ; mais elle possède
et conserve les plus éclatantes richesses que le
génie et la science aient enfantées. Cité de paix et
de liberté, elle ouvre son sein à tous ; asile sacré,
sans armée, elle reste debout quand les empires
disparaissent ; sanctuaire de la famille, elle supporte les infirmités et les irrévérences de ses enfants ;
temple animé, sa vie est un perpétuel acte religieux.
Telle est Rome sur son trône d'incomparables
débris !.... Magnifique princesse vivant d'aumônes,
puissance méprisée et ne comptant pas, sans qu'on
puisse se passer d'elle ! Rome, ville vraiment catholique dans son désert par l'affluence des étrangers
qui viennent lui rendre hommage comme au siége
de la prière et du royal sacerdoce ! »

Après de grandes émotions, lorsque l'âme s'est
électrisée au contact des choses divines, on a besoin
de reverser le trop-plein de son cœur dans un cœur
ami ; naturellement il n'est pas bon à l'homme de
concentrer la flamme dans la solitude de ses pensées : et c'est ce que le Père Brullon sentit bien
vivement, quand, brisé de fatigues, peu désiré de
ses hôtes, à cause de sa pauvreté, il regagna

son humble gîte. Il se trouva bien seul sur son
misérable grabat dans les premières nuits froides
et fiévreuses de son retour.

Mais le fond de son âme se réjouissait de la
nécessité de se rejeter en Dieu pour trouver en lui
l'unique ami, le vrai consolateur. D'ailleurs la grande
Semaine était venue : l'isolement et les privations
n'étaient qu'une offrande de plus à unir aux humi-
liations du divin Sauveur; et bientôt l'attention du
pèlerin fut toute absorbée dans les grands offices
de Saint-Pierre et de la chapelle Sixtine. Sous une
forme divinement mélancolique, il retrouvait au
centuple les jouissances de la famille et de la société
dans les cérémonies imposantes et les chants ini-
mitables de l'Eglise mère des autres Eglises. Disposé qu'il était à s'ouvrir tout entier à toute émotion
pure, il lui semblait que les Lamentations, les Pro-
phéties et les prières de la Semaine sainte lui parlaient un langage qu'il n'avait point entendu jusqu'alors.

Sans doute, son âme délicate s'offusquait de l'in-
firmité des fêtes de la terre. Quelque pieux qu'ils
puissent être, les clercs qui officient ne peuvent
guère se défendre de la routine et de la préoccu-
pation extérieure. Les chantres, au lieu d'être des
lévites choisis pour leur piété, sont des musiciens
que la beauté de leur organe a recommandés au
maître de chapelle. Le concours des assistants est

toujours plus ou moins mêlé et tumultueux. Au lieu
d'une assemblée d'anges en extase, on n'a que des
hommes sous les yeux. Le Souverain Pontife seul
paraissait pénétré de sa grande position entre le
ciel et la terre.

Le Père Brullon n'avait cependant rien d'étroit
ni de malveillant dans sa critique : il voyait dans
ce tumulte d'étrangers, les poissons bons et mauvais que saint Pierre réunit dans ses filets ; il comprenait que la piété des officiants et des clercs fût dans
de pareils moments plus officielle que recueillie. Un
moment blessé dans sa dignité sacerdotale en se
voyant confondu avec la foule, il reconnaissait tout
aussitôt qu'en présence du Christ représenté par
son Vicaire, et au milieu des mystères de la Passion, il devait se considérer simplement comme un
des agneaux de saint Pierre.

Rome, d'ailleurs, offre aux âmes qui ont besoin de
retraite et de méditation de merveilleuses alterna-
tives. Elles vont s'électriser aux fonctions solen-
nelles présidées par ce que l'Eglise a de plus grand ;
puis elle peuvent se plonger dans la solitude pour y
ruminer à l'aise leurs impressions et leurs souvenirs, ou les perdre dans le sein de Dieu.

Ainsi, le soir du Vendredi saint, après avoir as-
sisté aux ténèbres à Saint-Jean-de-Latran, le Père
Brullon trouve le Colisée sur son chemin au retour.
Quel endroit pour une telle nuit ! Les cachots des

martyrs retentissent sous ses pas ; à travers les
arches, il voit, comme de grandes ombres, les
ruines des temples païens et des palais des Césars.
Puis voici la grande arène dont le sable a bu le sang
des martyrs pendant trois siècles ! Voici le grand
Crucifix et les stations du chemin de la Croix encore
chaudes des baisers de notre bienheureux Labre !
On conçoit que notre ami se soit oublié là. Chaque
Station fut savourée à loisir, et les étoiles pâlis-
saient lorsqu'il reprit la Voie-Sacrée, après avoir
jeté un coup d'œil sur l'arc de triomphe de Cons-
tantin.

Laissons notre pèlerin nous raconter ses impressions du jour de Pâques.

« Qu'on se représente, » dit-il, « le plus riche et le
plus vaste temple du monde, l'or, la pourpre et les
pierreries étalés avec profusion dans les décors de
l'Autel et du chœur et dans les ornements sacrés ;
— le St Père dans toute sa gloire, environné des
princes de l'Eglise et du monde, et d'une innom-
brable troupe de ministres ; — une assistance où
toutes les nations de la terre ont leurs représentants,
et les flots du peuple tellement pressés sous les nefs,
que le simple balancement inévitable dans un pareille masse, ressemble au bruissement d'une mer
houleuse. Ce bruit, sans doute, nuit au calme
que l'âme réclame ordinairement pour les actes du
culte divin ; mais ici, il augmente le grandiose et la

majesté de l'ensemble. On reconnait là le sanctuaire accomplissant en paix les fonctions sacrées
au milieu du tumulte et des tempêtes du siècle. Placé,
pour la dernière fois peut-être, en face de ce spectacle, sous l'immense dôme, près de l'autel où le
Pontife suprême allait faire descendre Dieu pour
l'Eglise et pour le monde, en ce jour si grand, à
cette heure où la France, ma patrie, profondément
agitée, s'occupait à faire surgir de son sein les
hommes qui doivent régler ses destinées, et, par
contre-coup, celles de l'Europe, j'étais saisi jusque
dans l'intime de l'âme de ce qu'il y avait de solennel, et dans le lieu, et dans l'instant, et dans l'action liturgique à laquelle j'assistais. Je priai beaucoup en union avec le Souverain Pontife, pour
l'Eglise et pour la France ; et, à genoux sur ces dalles
qui recouvrent le tombeau des Apôtres, je demandai
pour moi-même la lumière et le courage pour remplir dignement ma chétive part de l'œuvre qu'ils
ont laissée à l'Eglise. »

La bénédiction *Urbi et Orbi*, donnée par Pie IX à
la ville et au monde, représentés par cent mille
personnes prosternées au-dessus du grand balcon
de Saint Pierre, couronna dignement la fête. Puis
le Père Brullon reprit sa vie d'étude et de prière,
tout en achevant dans l'occasion sa visite des principaux monuments de Rome.

Il fut témoin du mouvement populaire qui, débor-

dant les intentions de sage réforme de Pie IX, faillit,
dès lors, faire tomber son trône. Placé entre la me-
nace d'un schisme en Allemagne et d'une animad-
version furieuse pouvant amener les armées autri-
chiennes à Rome, et la nécessité de désavouer
les mouvements de ses troupes, qui se trouveraient
par là mises hors du droit des gens, le Souverain
Pontife ne s'arrêta point à de vaines craintes.

Il sentait bien qu'on l'accuserait de porter un
coup fatal à la cause de la liberté italienne, et qu'il
soulèverait une partie de la péninsule contre lui.
Comme autrefois Notre-Seigneur au bord du précipice à Nazareth, il passa au milieu de toutes les mal-
veillances ; et ce pas difficile fut franchi, sans qu'aucun désastre vint, pour le moment, bouleverser la
capitale du monde chrétien. L'orage devait revenir
plus tard avec plus de violence, et l'éclat de ses fou-
dres devait manifester à tout l'univers, ce que le
Père Brullon ne put qu'entrevoir, la force et la sagesse divines du Chef de l'Eglise aux prises avec
tous les entraînements du flot révolutionnaire, et
ne perdant rien de sa mansuétude et de sa majesté.

Au reste, mouvements populaires, visites d'antiquités, lectures attachantes, souvenirs affectueux,
tout servait à notre pèlerin à nourrir son âme, et à
la fixer plus profondément en Dieu et dans le désir
de travailler à sa gloire. Voici ce qu'il écrivait aux

religieuses de Cuves, en date du septième jour du mois de Marie :

« J'estime qu'il faut y regarder à deux fois quand il s'agit de parler à des Religieuses, même des choses spirituelles, de donner ainsi une espèce de secousse au recueillement profond de leur âme, et, comme par un souffle importun, de déranger la flamme de leur oraison, qui s'élevait vive et paisible vers le ciel. Aussi, quand il m'arrive, de loin en loin, de vous écrire, ai-je bien soin de dire à vos directeurs et directrices de jeter au feu mon léger billet, s'il devait causer la moindre distraction. Vous direz peut-être que je plaisante. Pas du tout, mes chères Sœurs ; c'est que, très-sérieusement, il en devrait être ainsi, et qu'en conséquence, je dois supposer qu'il en est ainsi.

» Vous avez, à défaut de perfection, trop de foi pour ne pas sentir que les huit mois depuis lesquels je ne sais pas ce que vous êtes, sont plus que suffisants, sous un directeur capable, pour avoir fait de vous d'excellentes religieuses. — Une journée passée dans l'oraison, dans l'union à Dieu, ainsi que vous êtes obligées de le faire d'après votre mémorial de chaque matin, une communion bien faite, suffisent pour élever bien haut une âme qui ne met point d'obstacle à la grâce. Non-seulement cela peut arriver, mais cela doit arriver, si, par des infidélités, vous n'empêchez l'effet infaillible de l'Esprit-Saint sur vous. Et, les degrés de cette vie divine étant infinis, à quelle élévation, pendant l'espace de quelques mois, une âme fidèle et ardente ne peut-elle pas être arrivée !

» Combien d'actes d'adoration fervente, de sacrifice, d'amour embrasé, que de lumineuses communications reçues, que d'élans vigoureux de l'âme vers son centre, ne peuvent-ils pas être produits pendant cet intervalle qui paraît court, mais dont les instants sont en nombre immense ! Combien en quelques heures seulement une âme peut vivre en Dieu ! Un quart d'heure de vraie oraison renferme plus de vie spirituelle que toute une longue existence passée dans la routine et la tiédeur.

» Cela est très-vrai, mes chères Sœurs, cela est très-vrai, il n'y a rien à en rabattre, Sachez-le bien, la pratique de cette vérité est notre seule chose nécessaire; car le divin Maître l'a dit à Marthe, pendant que Marie l'accomplissait à ses pieds.

» La foi et le sentiment vif de cette vérité, peuvent donner des ailes à une âme, et la pousser vers Dieu d'un vol aussi constant, aussi ferme et aussi rapide que celui d'un ange. Voilà ce que Dieu vous réserve, et vous offre sans cesse dans une communauté religieuse. Un grand malheur, c'est que vous perdez cela de vue, et que vous ne le comprenez pas. Or donc, puisque c'est l'unique chose nécessaire, je vous le dis, et ne vous dis rien de plus. Voyez-le, comprenez-le, marchez. Vous êtes créées et mises au monde pour être religieuses, pour cela uniquement. Pourquoi donc vous préoccuper d'autre chose? Qu'est-ce donc qui vous arrête, vous telle et telle que j'aperçois d'ici, dissipées ou endormies, sous un voile blanc ou noir? Brisez donc cette toile d'araignée qui vous arrête, cette enveloppe aussi hideuse qu'elle est fragile, si vous voulez, et cependant où le démon vient dans l'ombre sucer votre substance, et où il ne laissera peut-être qu'un cadavre! Rompez donc ces fils, ces misérables riens qui vous enlacent, et marchez. Je n'amène pas au Calvaire des sœurs qu'arrête une toile d'araignée. Adieu. Priez pour moi.

» Le P. Brullon. »

Cependant le moment de son départ approchait. Le 26 mai, après avoir dit adieu à son cher cabinet de la bibliothèque Oratorienne, il célébra la Saint-Philippe à la Chiesa-Nuova, au milieu des pompes de la chapelle pontificale.

C'est dans cette église de la Sainte-Vierge et de Saint-Philippe qu'il avait été accueilli avec le plus d'amour; il y avait célébré la sainte Messe pendant plus de cinq mois; et qui sait si ses ferventes prières à la Chiesa-Nuova n'ont pas fixé secrètement les destinées de ses amis, et dirigé leurs pas vers les enfants de saint Philippe, en Angleterre?

En ce jour il s'associait avec effusion de cœur à l'hommage que tout Rome venait rendre au grand Saint qui trouva le moyen d'être son apôtre par les industries d'une ardente charité. C'est là qu'il reçut la dernière bénédiction du Saint-Père, et qu'il put une dernière fois contempler sa face auguste. Avec une indicible émotion, il s'agenouilla une fois de plus sous la main pontificale et vit passer, pour ne plus le revoir, l'imposant cortége qui, réuni autour du Prince des pasteurs, forme l'organe principal de la vie de l'Eglise.

Voici la lettre qu'il adressait le lendemain aux sœurs de Cuves :

« Rome, 27 Mai 1848.

» Mes très-chères Sœurs,

» Je reviens de dire la sainte Messe, pour la dernière fois, au tombeau des saints Apôtres, où j'ai encore prié ardemment pour vous; et j'ai dit adieu, le cœur bien ému, à cet autel auguste et à l'incomparable temple qui le protége. Demain matin, je quitte Rome, six mois, jour par jour, après y être entré, et, ayant repris ma valise et mon bâton, je vais enfin me diriger vers Jérusalem.

» Je sais, mes chères Sœurs, que vous prenez, comme vous le devez, grand intérêt à ce voyage. Il est tout spécialement entrepris pour vous. C'est vous tout exprès que je vais recommander au Cal-

vaire; c'est pour vous directement que je vais dans
ces Saints Lieux, les plus saints qui existent, préparer une place, si les circonstances le permettent.
Priez donc beaucoup pour ce projet, mes très-chères
Sœurs; mais souvenez-vous que le meilleur moyen
d'obtenir de Dieu la réussite, c'est de vous en
rendre vraiment dignes par de grands et réels
progrès dans la vie religieuse. Puissiez-vous assez
apprécier la beauté, la grandeur, le bonheur de
votre vocation, et marcher ainsi à l'union divine
avec l'ardeur qui amène la sainteté ! Souvenez-vous
donc sans cesse qu'il n'y a qu'un bien, qu'une gloire,
qu'un bonheur, qu'une seule chose désirable, l'union
de l'âme avec Dieu; que vous y êtes appelées
toutes, en tant que religieuses, à un très-haut degré;
que les plus ignorantes et les plus chétives peuvent
y arriver aussi bien que les autres; que c'est là
votre rigoureux et unique devoir. Allons donc,
mes chères Sœurs, mettons-nous tous à cette œuvre
unique, sans relâche, sans réserve; car si nous
l'accomplissons bien, nous avons tout fait; nous
possédons tout; notre œuvre est fondée, et dispose
d'une puissance divine.

» Votre père en J. C.

» C. B. BRULLON. »

Les jeunes pensionnaires de Cuves reçurent
également leur gracieuse épître :

« Mes bien chères enfants,

» Demain je quitte enfin Rome; et quand je dis *enfin*, ne croyez pas que je m'y ennuie, car il n'y a pas de lieu au monde où un prêtre doive se trouver mieux qu'à Rome. Si vous y étiez, vous seriez comme moi, très-attachées à cette ville auguste et sainte. Mais depuis bien des jours, j'attends le moment de me mettre en route pour la Terre Sainte, et enfin tout est prêt. Je n'ai pas voulu m'en aller, mes bonnes petites filles, sans vous envoyer une parole d'adieu. On m'assure que vous priez souvent le bon Dieu pour moi et pour mon voyage : j'en suis bien touché, et je le crois facilement; car moi-même, chères enfants, je prie tous les jours pour vous. Tout à l'heure encore, je prononçais vos noms sur le tombeau des Apôtres, et tous les jours que je passerai à Jérusalem, je les porterai près du tombeau de N. S. J. C. — On est heureux, mes enfants, quand on a la foi, et quand on sait se retrouver en Dieu. Demandez à la sainte Vierge la grâce de vous faire comprendre ce bonheur de l'âme chrétienne qui sait prier, qui sait chercher sa force et sa lumière au sein de son Père céleste. — C'est tout ce que je souhaite pour vous; car avec cela on a tout le reste.

» Profitez bien, chères enfants, de votre fin d'année. Il y a quelque probabilité que je viendrai vous aider à l'achever. Je serais bien heureux et

7

bien content, si je vous trouvais toutes, bien pieuses,
bien laborieuses, bien instruites, si tout était en
bon ordre et en bon chemin pour la dernière
semaine ; mais comme je serais triste s'il en était
autrement ! Soyez donc bien dociles, mes enfants ;
travaillez bien, priez bien surtout, vous en aurez
tout l'avantage.

» Je puis y compter, n'est-ce pas ? C'est bien con-
venu. Allons ! que je n'aie qu'à vous féliciter et à
vous bénir à mon retour, si Dieu le permet et l'or-
donne.

» Votre père, qui vous chérit en N. S. J. C.

» LE P. B. BRULLON. »

« Tout me fait espérer un bon et utile voyage, »
écrivait-il à son ami de Cuves. « Priez Dieu pour
qu'il soit tel, comme, de mon côté, je demanderai
sans cesse que tous vos travaux portent leurs fruits.
Je ne puis vous dire combien je me sens décidé à
travailler à notre œuvre d'élévation des âmes par
l'étude et l'oraison. Quel malheur pour le monde
qu'il y ait si peu d'âmes capables de lui révéler les
trésors de lumière dont Dieu appelle tous les hommes à jouir ! Malgré l'imminence des périls sociaux,
malgré l'importance des questions qui s'agitent, il
y a néanmoins pour moi une affaire prédominante :
c'est celle de l'œuvre, qui n'est pas la nôtre, mais
vraiment celle de l'Église en ce moment. Courage
donc contre les ennemis de Dieu ! »

CHAPITRE VII

EN ROUTE POUR JÉRUSALEM

———————

Le lendemain, le Père Brullon disait adieu à cette sainte métropole, qu'on ne quitte jamais sans se promettre de la revoir. Combien de fois, sur la Via Labicana, il se retourna pour voir les trois grandes églises qui dominent la plaine, jusqu'à ce que les croupes des monts Albins, au delà de Frascati, vinssent les dérober à ses yeux !

La route le conduisait par ce riche vallon qui sépare de l'Apennin les collines volcaniques du Latium. Les villas des nobles romains y remplacent les somptueuses résidences des patriciens. Préneste, Anagni, Ferentino et d'autres souvenirs plus ou moins intéressants du passé, viennent délasser le regard du voyageur, jusqu'à ce qu'il aperçoive les

vastes bâtiments du mont Cassin sur leur immense
piédestal de marbre.

Au moment où le Père Brullon approchait, un
orage terrible enveloppait les montagnes à quelques lieues en avant, et lui rappelait celui que
sainte Scolastique obtint de Dieu pour jouir de la
conversation de son frère saint Benoît. Au loin,
la chaleur était étoùffante; l'air incandescent semblait, à chaque coup de tonnerre, verser une pluie
de feu. Aussi le pèlerin fatigué dut-il remettre au
jour suivant sa visite au monastère, et s'arrêter au
pied de la montagne, dans une hôtellerie de San-
Germano. Le lendemain, il se mit en route de
bonne heure, afin de pouvoir célébrer la sainte
Messe au double tombeau qui renferme les restes
du patriarche de l'Occident et de sa sœur (1). Il
passa la fête de l'Ascension dans ce lieu béni et
profita de l'hospitalité bénédictine pour tout voir
et tout visiter à loisir. Solitude austère au milieu
d'une nature riche et gracieuse, sous un ciel d'Italie
tempéré par l'air pur et frais de la montagne, le
monastère de Mont-Cassin est admirablement

(1) Voici leur touchante inscription tumu'aire :

O. A. M. D. G.
Benedictum et Scholasticam uno in partu editos
Una in Dei pietate cælo redditos,
Unus excipit tumulus
Mortalis depositi pro æternitate custos.

situé pour l'étude et la contemplation. Tout en rendant justice à la grandeur des édifices et à l'élégante
richesse de l'Église, le père Brullon trouve qu'ils
cèdent de beaucoup, pour la grandeur et la majesté
de l'architecture, aux restes imposants de nos
grandes abbayes de France, comme Citeaux et
Cluny. Si cependant l'on fait entrer dans le calcul
la difficulté des transports au sommet d'une montagne escarpée, l'œuvre du mont Cassin ne
paraîtra guère moins étonnante. Mais la mer-
veille du mont Cassin est, sans contredit, sa communauté religieuse. — Depuis quatorze siècles,
elle voit passer les révolutions, les invasions de
barbares et les changements de dynastie, et elle
subsiste dans une éternelle jeunesse. On y trouve,
avec l'antique hospitalité, la piété, le travail et la
science. Il y a une imprimerie, une bibliothèque,
et des archives sans prix; il y a un collège d'une
centaine de jeunes gens, tant novices que sémina-
ristes et pensionnaires. Espérons que tous ces
trésors échapperont au vandalisme raffiné de nos
empiriques modernes.

Le Père Brullon ne put donner que quelques
heures à Naples. Mais avec son ciel, avec sa rade
merveilleuse et le Vésuve pour fanal, avec ses
souvenirs classiques et religieux, anciens et
modernes, avec ses antiquités, qui semblent
repousser sans cesse à travers la végétation et la

prospérité modernes, Naples est la ville qui supporte
le mieux le parcours à vol d'oiseau, ou le séjour.
prolongé de l'érudit. Une révolution venait d'en-
sanglanter ses rues; mais, pour l'étranger, rien n'y
paraissait plus. La belle cité dormait de nouveau
sur son rivage enchanteur, et l'on ne s'apercevait
du passage de l'émeute qu'aux précautions plus
tracassières de la police au sujet des passeports.

Enfin, le 5 juin, le père Brullon s'embarquait sur
le *Léonidas* par un temps magnifique, et les feux
du volcan, reflétés par la mer, l'accompagnèrent
jusque bien avant dans la nuit. Une belle traversée,
interrompue par un séjour de quelques heures à
Messine, où grondait l'émeute, puis à Malte, le fit
arriver le matin de la Pentecôte en vue des côtes
d'Égypte.

Quelle côte aride et désolée pour annoncer la
terre des Pharaons! La plage, couverte d'un sable
très-blanc, sans nulle trace de végétation, resplendit
comme une nappe de neige. Le père Brullon eût
voulu célébrer la messe de la fête, et apporter une
bénédiction tout d'abord à cette terre doublement
désolée. Mais ce ne fut qu'après midi qu'on jeta
l'ancre. Il eut tout le temps, en voyant la forêt de
mâts qui remplit le port d'Alexandrie, d'admirer
la justesse de coup d'œil de l'homme de génie qui
jeta les premiers fondements de la cité et lui laissa
son nom. Au delà des jardins, il voyait la colonne

de Pompée, et de l'autre côté, le palais du Pacha dominant tous les édifices du port. Mais, en même temps, un bâtiment sombre et bizarre qu'on lui désigna comme le Sérail, et les minarets surmontés du croissant, vinrent pour la première fois attrister ses yeux et son cœur. Désormais, il devait rencontrer à chaque pas de ces monuments du triomphe de la brutale sensualité sur les doctrines pures du Dieu de la Croix. « Chaque fois, » écrit-il, « j'éprouve la même impression que si j'avais une vision de l'enfer. Il y a dans ce sentiment une profonde peine, de la tristesse, de la crainte, de l'horreur, de la colère, le désir d'attaquer et de vaincre la puissance adverse. Une poitrine sacerdotale, qui porte J. C. vivant, doit ressentir tout cela ; car ces édifices sont les citadelles du démon, où il essaye de tenir tête au Christ.

» Je comprends bien mieux maintenant comment s'excite et s'enflamme le zèle du missionnaire au milieu d'un pays infidèle. Au contact des deux puissances surnaturellement opposées, il s'établit une lutte intérieure, qui se traduit ensuite en agressions extérieures. Par la prière, les aspirations du cœur, la parole divine et la croix, le prêtre attaque, et l'ennemi riposte par les persécutions. Si tous les prêtres avaient vu un pays infidèle, il serait impossible qu'un grand nombre ne se laissassent envahir par le zèle, et que, se rangeant en bataille pour le

Christ, ils n'eussent bientôt humilié l'empire de
Satan. »

Ces sentiments ne seraient pas du goût de ces
hommes qui pensent que le premier intérêt avant
la vérité, la justice et le bien des peuples, c'est le
repos de conscience de l'impie, du voluptueux, de
l'oppresseur. Mais le Père Brullon ne connaissait
point cette tolérance maladive qui se complait dans
la ruine des âmes et dans la malédiction du Tout-
Puissant. Son impression d'horreur chrétienne et
sacerdotale fut encore augmentée à la vue des
noirs enfants de Cham, tels que les ont faits le ma-
hométisme et la pauvreté. Un pagne en lambeaux,
un sale et hideux turban, une longue barbe, des
membres amaigris et des traits affreux, voilà ce
qu'il vit d'abord de la population d'Alexandrie!

Aussi avec quelle dilatation de cœur il se
retrouva comme en famille, grâce à l'hospitalité
des bons Pères de Terre-Sainte? Comblé de soins
et de ces attentions dont la charité fait surtout le
prix, il se sentit bientôt remis de ses fatigues et de
son épuisement. Dès le soir même de son arrivée,
il assistait à un office solennel, qui lui rappelait les
pompes du culte de la patrie; et, par le fait, la nombreuse assistance était toute européenne, et c'étaient
les chants de la catholicité qui retentissaient au
milieu de la ville infidèle.

Au reste, la victoire morale de la Croix sur le

Croissant se fait sentir à chaque pas dans la grande
cité. Ce soir de la Pentecôte, on avait arboré les
drapeaux européens, dont quelques-uns faisaient
flotter la croix sur les principaux édifices. A part
le palais, tout ce qu'il y a de beau et de vivant se
doit à l'influence chrétienne.

Le nouveau quartier des Européens, attenant à la
principale rue déjà nommée la *Rue Franque*, a
fait, pour ainsi dire, renaître la ville depuis 20 ans.
D'un côté, il aboutit aux ateliers du port; de l'autre,
il touche aux établissements des Lazaristes, des
Franciscains, des Frères des Ecoles chrétiennes
et des Sœurs de la Charité. Pensionnat, écoles
florissantes, hospice, dispensaire, pharmacie, rien
ne manque à la silencieuse croisade qui attaque
l'islamisme d'un côté par le soin des pauvres, des
malades et des enfants, et de l'autre, par le commerce et la civilisation. Dans le reste de la ville,
ce ne sont qu'étroites ruelles, où le musulman nous
apparaît accroupi devant une sale échoppe, tandis
que les femmes ne se montrent qu'à la dérobée et
masquées sous le voile de la servitude.

Ce n'est pas que ces quartiers n'aient aussi leurs
demeures somptueuses : c'est, au contraire, là qu'il
faut chercher ces repaires où une poignée de
voluptueux dévorent en secret les jouissances et
les ressources destinées aux multitudes, sans
s'inquiéter de l'avenir ni du désert qu'ils font régner

7.

autour d'eux. Mais rien au dehors ne trahit leurs
palais, et chacun de ces dieux de l'égoïsme semble
craindre d'attirer l'attention d'un oppresseur plus
puissant ou plus habile que lui. Sans doute, on peut
attribuer la forme des habitations de l'Orient à
d'autres causes que la crainte et la jalousie; sans
doute, les races musulmanes ont conservé quelques
vertus humaines; mais, en somme, on peut dire
que la terre qu'elles occupent a perdu son grand
Réparateur, et qu'elle est retombée sous le joug de
celui qui est *homicide dès le commencement.*

Si vous visitez la colonne de Pompée, çà et là,
dans la plaine occupée jadis par l'ancienne ville,
vous trouvez des huttes de terre sans forme et sans
nom. C'est là le village musulman! Des milliers
d'individus y croupissent dans la misère et la corruption, sans que nul en prenne souci. Si alors
votre pensée se reporte vers nos belles paroisses
d'Europe, avec leur activité productive, leur réu-
nion périodique dans le lieu saint, la présence du
prêtre consacré à leur élévation intellectuelle et
morale; la paroisse chrétienne, comparée au village
musulman, brillera comme une vision céleste, et
vous bénirez le soleil de la foi qui luit sur nos
contrées.

Du reste, le sol même que l'on foule aux pieds
proteste contre une oppression que nulle prescrip-
tion ne saurait légitimer. Cette terre revendique la

civilisation chrétienne; c'est un champ de bataille
où la croix doit rester la maîtresse.

Évoquant tous ses souvenirs à la vue des sables
où l'ancienne ville gît ensevelie, le P. Brullon
passait en revue toute son étrange histoire. Après
le conquérant qui la fonda, tous les maîtres des
destinées du monde semblent s'y être donné rendez-
vous : les Ptolémées viennent y recueillir la suc-
cession des vieilles dynasties égyptiennes ; Pompée
y vient terminer un désastre égal à sa fortune ;
César y ternit sa gloire dans la débauche ; Marc-
Antoine y sacrifie l'empire du monde à la volupté ;
plusieurs empereurs romains y fixent leur séjour..
En même temps, toutes les parties du monde connu
viennent y échanger les trésors de l'intelligence,
comme ceux du sol et de l'industrie. Toutes les
phalanges de la philosophie grecque y opèrent
leur jonction avec les hiérophantes des antiques
sanctuaires de l'Asie et de l'Afrique. A ce mélange,
le bon sens romain essaye d'imposer son cachet
d'unité, et de là naissent de puissantes écoles.

Mais, au milieu de ce mouvement d'hommes,
d'idées, de crimes, de plaisirs et d'affaires, Dieu
prépare les voies à son Évangile. Alexandre lui-
même avait été prédit par Daniel et béni par
Jaddus. Bientôt après son rapide passage, les
Septante déposaient solennellement la Bible dans
la grande bibliothèque des Ptolémées, entre les

papyrus de Memphis et les parchemins de la
Grèce. Le Messie venu, S. Marc et ses Thérapeutes
établissent la chaire évangélique : ils parlent en
maitres à la fois aux philosophes grecs et aux sages
de l'Orient, aux hommes de plaisir et aux hommes
de pouvoir, aux grands et aux petits.

En vain les erreurs antiques se transforment en
hérésies nouvelles. Les sublimes leçons des Clé-
ment, des Didyme, des Origène et des Athanase
laisseront toujours loin dans l'ombre les écoles de
Proclus, de Porphyre, de Jamblique, de Valentin,
de Basilides et de Carpocrates. Arius, le dernier et
le plus dangereux de tous, a fini par disparaitre
avec les peuples qui s'étaient rendus ses disciples.
Les musulmans, il est vrai, semblent avoir repris
avec succès l'œuvre d'Arius et de ses devanciers.
Ils ont établi l'empire de la dévastation, et, comme
ce qui reste debout dans Alexandrie demeure le
vestige le plus solide de la gloire et du génie de
son fondateur; de même, cette plaine aride où l'on
entrevoit quelques huttes de terre parmi des frag-
ments de granit, de marbre ou de porphyre, porte
le cachet de l'islamisme, triste semeur de la mort.
Mais enfin son heure aussi semble venir, et la
mort même doit être vaincue.

Le P. Brullon resta longtemps à interroger cette
mystérieuse enceinte, pensant, chaque fois qu'il
rencontrait une éminence plus marquée, que peut-

être c'était une église chrétienne dont il foulait les restes, et cherchant à s'associer aux inspirations des sages et des saints qui avait médité sur ces rivages. Mais enfin il dut partir, et le mercredi 14 juin, une traversée pénible l'emportait le long des côtes de Palestine.

Le 16, au point du jour, la tempête avait fui ; Beyrouth était en vue, et le Liban déployait ses croupes verdoyantes et ses cimes neigeuses. Bientôt les barques du lazaret vinrent transporter les voyageurs sur le récif où l'on passe les douze jours de quarantaine.

Une lettre de P. Brullon nous donnera l'idée de ses occupations, dans ces jours de captivité, qui lui semblèrent d'autant plus durs qu'il ne put célébrer la sainte Messe.

« Beyrouth, jour de la Fête-Dieu, 22 Juin.

» Mes très-chères Sœurs,

» Je me reprocherais assurément de ne pas quitter ma Bible pour quelques instants, afin de vous donner une parcelle de ces jours forcément tranquilles de ma quarantaine. Je suis donc, à l'heure qu'il est, dans un lieu qu'on appelle le lazaret de Beyrouth, et, comme plusieurs d'entre vous pourraient bien avoir l'honneur d'y faire quelque séjour, il est bon de vous en dire deux mots. Un lazaret, comme vous savez, est un lieu où, pour consoler les voyageurs d'une traversée toujours

fatigante, quelle qu'elle soit, on les enferme pour
un temps plus ou moins long, sous prétexte qu'ils
pourraient bien apporter la peste. En France, ce
lieu est une hôtellerie au moins passable; mais il
faut observer que nous sommes dans les Etats
turcs, et, en conséquence, le nôtre est composé de
plusieurs longs bâtiments, en tout point semblables aux remises et écuries de nos pays. Là se
trouvent en ce moment plusieurs centaines de personnes de toutes nations et de toutes couleurs.
Cependant, mes chères Sœurs, n'allez pas croire
que je me plaigne et que je sois mal. Le directeur
des Sœurs de Cuves est habitué à trop bonne compagnie pour que la Providence le laisse ainsi pêle-mêle
dans une remise avec des Turcs : elle m'a bien
mieux traité. M. le consul français de Damas, se
rendant à sa destination est obligé de demeurer,
comme moi, sur cette pointe de rocher, et c'est
avec lui et sa jeune famille que je passe ma quarantaine. C'est ainsi que le bon Dieu a soin de moi
et qu'il aura soin de vous sans doute, quand vous
serez exposées aux fatigues et aux périls d'un long
voyage.

» Tout ce que je rencontre sur ma route, mes
chères Sœurs, le bien comme le mal, est tout à fait
propre à exciter votre courage, votre émulation et
votre zèle. J'ai vu déjà plusieurs maisons de religieuses françaises, dans un état très-florissant, et,

à coup sûr, pour fonder des établissements semblables, il a fallu beaucoup d'énergie et de travaux.
Aussi les religieuses que j'ai vues dans ces occasions,
m'ont paru tout à fait dignes de leur état et de leur
origine. J'ai remarqué en elles, et c'est ce qui m'a
surtout frappé, ce que j'ai toujours cru devoir être
le trait caractéristique de la religieuse missionnaire : une tenue, une attitude, une énergie, une
activité qui rappellent vraiment celles de nos
officiers français. On sent que ces religieuses se
sont élevées, pour l'âme comme pour le corps,
au-dessus de toutes ces petites misères de fem-
melette qui transforment souvent une communauté
en une espèce de maison de santé, où l'on n'est
occupé du matin au soir qu'à panser et à sucrer
toutes ces langueurs spirituelles et corporelles. Or,
il n'y a rien à faire avec une pareille armée.
Pour oser se mettre en campagne, il n'y a pas de
milieu, il faut avoir acquis la force, l'agilité et le
courage d'un soldat. C'est une conviction que
j'avais depuis longtemps, et qui devient chaque
jour pour moi une vérité d'expérience. Exercez
vous donc, mes chères Sœurs, sans perdre un moment. Devenez ce que l'Ecriture appelle des
femmes fortes. Et, certes, cela est aussi nécessaire
en France qu'à l'étranger, si nous voulons faire
quelques pas en avant et ne pas rester dans le vallon
de Cuves. Dans beaucoup de lieux déjà, des maisons

de Sœurs se sont établies, et peut-être que d'autres
vous précéderont à Jérusalem, parce qu'elles seront
plus tôt prêtes; mais allez toujours; il y a place et
travail pour tous. Si vous voyiez seulement, comme
moi, un petit coin de cet immense champ à défri-
cher, si vous voyiez combien l'empire du démon
est étendu et puissant.... quelle effroyable misère
dans les âmes...... vous verriez tout ce à quoi votre
vocation et la charité de Jésus-Christ vous enga-
gent. Priez pour que j'arrive bientôt au Calvaire,
et pour que j'en rapporte une grande abondance de
l'Esprit apostolique, pour pouvoir allumer dans
vos âmes le feu d'un zèle ardent.

» Votre père en J. C.

» C. B. BRULLON. »

Le consul de Damas dont il est question dans
cette lettre, était M. Combes, homme instruit et
intelligent, qui a publié ses voyages. Son compagnon
de passage sur le *Léonidas*, le P. Brullon, humblement relégué parmi les pauvres, n'avait point
eu de rapport avec lui; mais, une fois la glace brisée,
l'intimité fut facile entre deux hommes qui ne
voyaient aux formidables problèmes de nos jours,
d'autre solution que la prédominance des idées
catholiques et la reconnaissance de l'autorité
suprême du Saint-Siège. La famille entière était
une charmante société pour notre captif, sans en

excepter la petite Augusta, jeune enfant de 5 ans, dont il consigne la mémoire dans son journal, tout en exprimant la crainte qu'elle n'eût à partager le sort des précocités trop hâtives. Hélas! trois mois étaient à peine écoulés, et le P. Brullon retrouvait madame Combes veuve et regagnant la France avec un dernier enfant à l'agonie.

M. Combes s'était trouvé devancé à Damas par le choléra. Pour fuir le fléau, il s'était installé dans une des villes du fertile bassin. Mais le mal vint l'y poursuivre. La jeune enfant fut la première victime ; et bientôt, frappé lui-même, il se fit transporter dans la ville, pour être à portée des médecins et pourvoir à la sépulture de sa fille. Mais cette opération ne put se faire assez secrètement pour ne pas exciter les craintes et le fanatisme des musulmans. L'escorte fut attaquée par une populace en fureur, et le consul dut rebrousser chemin, pour expirer peu de moments après.

Le P. Brullon fut un ange consolateur pour la pauvre veuve, femme d'ailleurs, pleine de foi et d'une force surnaturelle.

On se laisse d'abord séduire par le brillant aspect de Beyrouth. Sous un ciel magnifique, entourée d'une nature riche, grande et pittoresque, avec un port assez fréquenté, avec une population aux deux tiers chrétienne, et composée de races intelligentes et laborieuses, elle ne demande qu'à vivre et à se

développer. Mais ici encore, plus que dans la partie
turque d'Alexandrie, on peut observer les effets
désastreux de la domination musulmane. Tout
respire la crainte de montrer l'aisance et même la
propreté : tout étouffe, faute de sécurité, de paix et
de confiance. C'est un labyrinthe de ruelles étroites
et irrégulières, que des nattes ou des toiles en lambeaux défendent des rayons du soleil. Dans le
demi-jour de ces galeries, où se meut en silence un
peuple d'ombres enveloppées de linceuls, parmi
d'autres ombres accroupies et occupées à fumer,
l'Européen se rappelle involontairement les Enfers
de la fable : et, par le fait, il ressemble par son air
affairé à ces aventuriers intrépides que les poëtes
y font descendre.

Le P. Brullon se hâta de régler ses affaires, et,
après avoir visité les PP. de Terre-Sainte et les
Sœurs de la Charité, qu'il trouva résolues et actives
comme partout ailleurs, il prit une barque en compagnie de deux Franciscains et se dirigea sur Jaffa ;
mais au bout de deux jours de tempête, le matin de
la fête des apôtres St Pierre et St Paul, il n'était
qu'à la hauteur de Saïda. Il ne voulut pas laisser
passer une si grande fête sans célébrer le saint
Sacrifice pour l'Eglise, pour le souverain Pontife,
pour Mgr Parisis, dont c'était la fête, pour toute la
France et toutes les œuvres catholiques dont elle
est la mère. Bien qu'épuisé par une dure vigile de

souffrance et de besoin, il arriva assez à temps
pour succéder au prêtre qui chantait la grand'messe.
Dès son entrée dans l'Eglise, il avait oublié
toutes ses fatigues, en entendant chant et accent
français : il était, sans s'en douter, dans un quartier
de compatriotes. Le couvent et l'église des Franciscains sont, en effet, attenant au *Camp*, vaste
bâtiment en forme de cloître, où se trouvent notre
consulat et nos autres établissements. Ce quartier
fut autrefois construit par nos négociants de manière à être à l'abri d'un coup de main ; si bien
que dans ces derniers temps, il a servi de refuge
aux malheureux chrétiens échappés au fer des
Druses.

Le 1er juillet, le P. Brullon reprit une barque
pour se rendre à Jaffa ; mais le temps était encore
défavorable, et après une nuit pénible, il était à
peine en vue du Carmel. La vue de la sainte montagne fut une tentation trop forte pour lui ; d'ailleurs, c'était un dimanche et le jour de la Visitation :
il voulait dire la sainte messe. Il prit donc sur-le-
champ la résolution de continuer son voyage par
terre et de commencer par Nazareth et ses environs, se confiant à la Providence et à sa pauvreté,
pour lui servir d'escorte. Il fit donc signe à ses bate-
liers de se diriger vers la terre, et pria Notre-Dame-
du-Carmel d'envoyer une brise favorable. Il arriva,
effet, à Saint-Jean-d'Acre à une heure après midi.

Malgré l'heure avancée, il put encore satisfaire sa dévotion, et célébrer le saint sacrifice.

Pour arriver au couvent des PP. de Terre-Sainte, on traverse une caserne, où moines et soldats turcs se coudoient dans l'étroit escalier ; mais le fanatisme est tombé parmi les sectateurs du Coran, et les religieux sont momentanément respectés. Rien, d'ailleurs, n'égale l'abrutissement, la corruption et la misère de la milice turque. Notre pèlerin sentait tout cela, avec son cœur de missionnaire. Oubliant la faim et la soif, il ne sentait d'autre besoin que d'appeler la grâce sur ces âmes desséchées. Il lui semblait que, si la liberté de conscience pouvait s'établir, rien ne résisterait à l'amour de Notre-Seigneur sur cette terre de ses merveilles.

Le lendemain, se sentant fiévreux, épuisé par la fatigue, le mal de mer et la chaleur des jours précédents, il dut, pour la première fois de sa vie, se servir d'une monture. Nous pouvons l'en croire, lorsqu'il écrit que la pauvre bête n'avait rien qui pût faire rougir la pauvreté et l'austérité du pèlerin. Dans cet équipage, il longea cette plage fameuse où les soldats français, en 1799, venaient provoquer les bordées de la flotte anglaise, afin d'avoir des boulets pour le siége de la ville. Huit cents ans auparavant, saint Louis, Philippe Auguste et Richard Cœur de Lion avaient chevauché sur ces sables étincelants. Dans des siècles encore plus

reculés, les prophètes les avaient traversés pour
atteindre les pentes du Carmel, où tant de générations de religieux et de pèlerins devaient les suivre.
Quand, à la fin du siècle dernier, Napoléon quitta
son armée sous les murs de Ptolémaïs, l'ancien
couvent du Carmel, transformé en hôpital militaire,
servit aussi de tombeau à nos soldats massacrés.
Mais depuis, grâce aux sympathies, aux aumônes
de la France et aux efforts des deux bons frères
Charles et Baptiste, dont nos grandes villes se
souviennent encore, un nouveau couvent s'est
élevé majestueusement à la pointe du promontoire,
et montre de loin, aux matelots et aux pèlerins de
toute nation, le pavillon français sur ses murs protecteurs! C'était donc un lieu comme le P. Brullon
les aimait : foyer d'esprit prophétique, centre de
vie religieuse et de mystérieux rayonnement, sanctuaire de Marie, monument de la piété de nos
pères, souvenir de nos soldats et de nos
croisés. Il y resta deux jours dans un repos plein
de prière, et la grande réponse de tous les souvenirs qu'il interrogeait dans son âme, était un com-
mentaire de la loi du dévouement.

Le monde ne s'explique ni le prophète ni le religieux, leur vie est une énigme pour lui. C'est qu'en
effet, dans leur vol, ces aigles de Dieu s'élèvent
au-dessus des nuages. Ce qui rampe sur la terre
les a bientôt perdus de vue, et les accuse de rester

en arrière, tandis qu'ils planent en avant et con-
templent d'un œil assuré le flambeau céleste qui
leur découvre les destinées du monde et les secrets
des siècles. On met leur courage en question,
comme s'il n'en fallait pas pour se soutenir à de
pareilles hauteurs, loin de tout appui terrestre,
quand l'air même est si pur qu'il semble n'avoir
plus de substance. C'est dans leurs condescendances
mêmes qu'ils sont exposés à être le plus méconnus,
quand la charité les ramène sur la terre, au risque
d'y arriver meurtris, et quand l'humilité les met aux
pieds de tous. On les traite comme des étrangers ou
comme d'odieux reptiles. Ils s'en consolent en
volant de nouveau vers les célestes collines : ils
savent que là est leur refuge et leur force, leur
trésor, leur nid dans la pierre, le secret de leur
éternelle jeunesse et de la fécondité de leurs œuvres.
Ils savent que toute vie durable a sa source dans le
dévouement illuminé par le divin amour, tandis
que l'égoïsme n'enfante que des ruines.

Ainsi tout a passé, tout s'est brisé autour du Carmel. Mais le prophète Elie est encore tout vivant
dans ces lieux qui virent son char de feu. Son
double esprit de lumière et d'ardeur attire encore
les âmes à la sainte montagne, en dépit des révolutions des âges, tandis que les côtes voisines, où
chaque nom rappelle l'opulence et la grandeur, ne
sont plus que des repaires infects où l'ignorance,

le désordre et le vice, se disputent l'ombre des ruines.

Dans sa dernière prière au Carmel, le P. Brullon demanda la grâce de ne point mettre de bornes à son dévouement, et celle de savoir l'inspirer aux autres. Puis, après un long regard sur ce triste et magnifique panorama, il redescendit les pentes de la montagne et se dirigea vers Nazareth.

Une alternative de déserts arides et de bassins fertiles, le conduisit en vue d'une chaîne de collines blanchâtres assez élevées, que son guide lui fit remarquer, comme le terme de leur journée. Il commença bientôt à les gravir dans un profond recueillement, partagé entre les émotions qu'il venait de quitter, et des attentes plus grandes encore. En arrivant au sommet, il venait de jeter sur le Carmel, encore visible, un regard d'adieu, quand il vit se dresser devant lui le Thabor et la chaîne de l'Hermon. A ses pieds se trouvait Nazareth !..... Il se jeta à genoux, pour baiser cette terre sacrée que Jésus, Marie et Joseph avaient habitée, et bientôt il eut complétement sous les yeux la pauvre bourgade, dans sa clôture de collines.

« C'est, dit-il, un site assez analogue à celui où j'ai dû passer trois ans, dans la compagnie de Notre-Dame-des-Sept-Douleurs ; solitude profonde, qui, sous une main laborieuse, a pu autrefois revêtir quelque agrément ; maintenant gorge désolée et silencieuse comme un sépulcre ! Et ce lieu..... Dieu l'a choisi pour accomplir le plus étonnant des mystères.... *Et manifesté magnum est pietatis sacramentum quod manifestatum est in carne, justificatum est in spiritu, apparuit angelis, præ-dicatum est gentibus, creditum est in mundo, assumptum est in gloria.* (1) C'est là, au milieu de cet assemblage irrégulier de tristes et chétives habitations, que je dois chercher le lieu où l'ange est descendu..., le lieu où la Reine du monde habi-tait, le lieu où le Verbe Éternel, envoyé par le Père, sous le souffle de l'Esprit Créateur, s'est uni à la nature humaine, pour restaurer toutes choses en lui-même. Il y a vécu, travaillé, souffert pendant plus de vingt ans. En compagnie de son auguste Mère, il y a préparé le reste de son œuvre divine. Quel sanctuaire que ce triste endroit ! Tout y devrait parler du rayonnement de la vie divine, et pourtant, l'objet qui frappe le plus l'œil du croyant, qui arrive tout ému, c'est une mosquée !..... Toutes ces pensées agitaient mon âme, en descendant le tortueux sentier ; mais je pus bientôt oublier ce qu'elles avaient d'amer, en allant m'enfermer dans la grotte sacrée. »

---

(1) Et certes il est grand, ce mystère de la condescendance divine, qui s'est fait voir dans la chair, et s'est fait reconnaître par la vertu de l'Esprit-Saint, tellement que les anges en ont été témoins, les nations l'ont entendu prêcher, le monde l'a cru, et le ciel l'a reçu dans son sein. (I *Tim.*, 3, 16)

Il y resta longtemps, la tête sur le marbre, écou-
tant dans son cœur l'écho du message de l'Incar-
nation et des paroles de Marie. Longtemps encore
le lendemain, il y pria, tout en examinant les lieux
avec une pieuse attention. Son coup d'œil d'ouvrier reconstruisit en idée la sainte maison de
Lorette sur la place qu'elle avait occupée à l'entrée
de la grotte, et son témoignage eût au besoin vengé
la Santa-Casa des objections de ceux qui veulent à
tout prix la trouver en faute ou plutôt trouver
faute dans l'Esprit-Saint lui-même. Pour lui, il
adora cette sagesse admirable à qui rien n'est
difficile, et cette délicatesse de l'amour divin qui a
soustrait à la profanation la maison que les
hommes lui avaient faite, tout en laissant dans
Nazareth, la demeure plus solide qu'il s'était prépa-
rée dans la pierre, comme pour nous dire qu'en
dépit des temps, il ne cesserait jamais d'habiter
parmi nous.

CHAPITRE VIII

JÉRUSALEM

—⟨∽⟩—

Les jours suivants furent employés à visiter les environs, le Thabor, Génésareth, le Jourdain, Cana, la montagne des Béatitudes, Notre-Dame-de-l'Effroi, le Précipice. On s'arrache difficilement à des lieux de si cher souvenir; mais Jérusalem restait à voir. La route y conduisait par les prairies où l'ancien Joseph avait cherché ses frères... C'était la route même qu'avait si souvent suivie le nouveau Joseph, conduisant Jésus et Marie, pour aller célébrer la Pâque, celle où Jésus fatigué avait attendu la Samaritaine, au puits de Jacob, et lui avait donné la chaste soif des eaux éternelles.

Mais combien cette voie parut désolée à notre pèlerin, surtout au milieu du troisième jour ! C'était à la fin de l'été. Plus d'ombre, plus de culture et un

ciel de feu ! Cette austérité extérieure était en harmonie avec le mystérieux mélange de joie et de
douleur de son âme, et ne fit qu'augmenter son recueillement. Il voulait arriver à jeun, et, malgré
l'heure avancée, il eût désiré dire sa messe au saint
Sépulcre. Son corps était épuisé, mais la ferveur et
l'amour exaltaient ses forces : il était prêt à d'inci-
cibles émotions. Enfin la sainte Cité se dessina devant
ses yeux....... Il tombe à genoux, profondément
ému, adorant dans ces lieux Notre-Seigneur presque abandonné par les siens, outragé par des enfants schismatiques et captif des infidèles... Puis, se
relevant, il s'approche en continuant sa prière,
n'osant fixer son hommage sur aucun édifice, de
peur de prendre une mosquée pour un temple chrétien.

Il fit son entrée par les rues traditionnelles de l'ancien faubourg de Béthesda et par une portion de la
Voie-Douloureuse. Comme il était plus de 3 heures
quand il atteignit la porte de l'église du St-Sépulcre, il
ne put célébrer la sainte Messe, à son grand regret.
D'ailleurs il avait compté sans le gardien turc, et
ce ne fut qu'au soir du jour suivant, après les forma-
lités nécessaires, qu'il put pénétrer au Calvaire et au
saint Tombeau.

C'était le vendredi 14 juillet, au jour et à l'heure
anniversaires de l'entrée des croisés à Jérusalem en 1099. Il le fit dans un profond recueillement,

sans se préoccuper d'une pensée plutôt que d'une
autre, laissant à Dieu le soin de lui mettre dans
l'âme ce qui serait le plus utile ; et, dans cette dispo-
sition, il suivit aux principales stations la procession quotidienne des Frères-Mineurs, et prit part
à toutes leurs prières.

Bientôt il fut tout entier sous l'empire de cette vision
qui n'est pas du ciel, mais qui n'est pas non plus
toute de la terre. La cloche des Matines le retrouve
dans sa contemplation, et l'office ne fait que l'y
plonger plus en avant. Mais à peine les Franciscains sont-ils sortis, que d'étranges voix se font entendre.. C'est l'office des sectaires qui commence sous
les sombres voûtes..... Oui, c'est bien vraiment un
autre monde pour le catholique romain qui n'a vu
que la vie normale de l'Eglise. Voici le théâtre
même des combats et des victoires de l'Homme-
Dieu, le foyer d'où jaillit la lumière et la puissance
qui ont changé le monde, le lieu qui, plus que tout
autre sur la terre, a passé par des consécrations
inouïes pour devenir le trône du Dieu jaloux de sa
gloire..... Et cependant le pauvre pèlerin n'est entré qu'avec la permission d'un soldat turc, et cet
esclave du démon a poussé les verrous sur lui.....
et voilà qu'au milieu de la nuit, une troupe de prêtres, restes dégénérés d'une église pervertie par le
schisme, occupe le sanctuaire des sanctuaires.
Leur office semble un drame lugubre ; ils profèrent,

sans piété et sans amour, des paroles qui les con-
damnent, des gémissements du Saint Esprit qu'ils ne
veulent plus comprendre..... Ils ne laissent le religieux catholique exercer que par intervalles et
comme à la dérobée, le droit, mille fois acheté par
l'or, le sang et l'avanie, de pleurer sur le saint Tombeau..... Pauvre membre du Christ, console-toi. Tu
lis dans les murs mêmes de cet édifice, toute l'histoire de ta maison spirituelle ; ses fondements ont
été cimentés par le Sang divin, et les différentes assises de ses pierres portent la trace de quinze siècles
d'amour et de dévouement.

Ne t'étonne point de ses difformités, de ses contradictions et de ses scandales. Cet édifice si saint
et si souillé, si magnifique et si hideux, si tendrement vénéré et si odieusement profané, ce foyer
d'amour, perpétuel théâtre d'animosités sanglantes
qu'est-il autre chose que l'abrégé du monde? Et le
monde, qu'est-il, si ce n'est l'humiliation et la captivité du Christ et de ses membres, et tout à la fois
le trophée de son amour vainqueur de là mort et
du tombeau ?

Ici devait se concentrer la lutte. Toutes les grandes races typiques, tous les orgueils et les inimitiés
séculaires y sont fatalement attirés. Le vieux paganisme y est venu. Ici même, on l'a vu, sous l'em-
pereur Adrien, installer les idoles de Vénus et de
Jupiter ; et il n'a survécu que peu de jours à ce su-

prême effort. Bientôt l'Arabe, ce vieil enfant d'Ismaël *dont la main est levée contre tous*, est venu planter ses tentes autour de Jérusalem, comme pour l'assiéger jusqu'au bout. Le Turc, ce despote sensuel de la haute Asie, est venu se joindre à lui pour tout asservir par l'avilissement. Le Juif, le pharisien dur, avare et dégradé, est rentré en proscrit dans la terre que Dieu même lui avait donnée, et il ne s'accorde avec le Turc et l'Arabe que pour ruiner et pour obstruer les voies du Calvaire. Voici enfin les Grecs et les sectaires de l'Orient! Héritiers indignes de la gloire du monde antique et profanateurs des grâces prodiguées par le Christ au monde nouveau, ils personnifient l'abus et le mensonge de la civilisation et la fausse alliance du monde avec l'Evangile. Ils entrent dans le sanctuaire : ils affectent même d'en être les seuls et légitimes possesseurs, et, pour appuyer leur vaines prétentions, ils ne rougissent pas de s'allier aux Juifs et aux infidèles et de soudoyer la persécution.

Au milieu de ces éléments, qui se repoussent et se haïssent dès qu'il ne s'agit pas d'opprimer la vérité, le Religieux de Terre Sainte représente la piété et le dévouement catholique. Oui, c'est bien là qu'il faut l'homme de prière! C'est là qu'il faut pleurer, réparer, expier! C'est là qu'il faut s'associer à la divine Victime, à Celui qui fut arboré en ce lieu même comme le signe de contradiction par excellence!

Sublime destinée des enfants de saint François!
Quand l'Europe, minée par un esprit de révolte et
d'indifférence, abandonna les croisades, et cessa de
prodiguer son sang et ses trésors pour le saint Sépulcre, ils se chargèrent de lui continuer sa gloire. Ils
vinrent avec les armes de l'Agneau. Sur leur cou
fléchi dans la prière, ils émoussèrent le cimeterre
musulman ; ils usèrent la persévérance et la ruse des
Grecs, comme les sarcasmes de l'impiété. Mille
fois décimées, anéanties, leurs générations virgina-
les se retrouvent toujours ; et maintenant, leur fidélité et leur amour sont, pour la Tombe bien-aimée,
un hommage plus pur et plus délicat que l'or et les
pierreries des maîtres du monde. Ils semblent toujours vaincus et dépouillé ; smais, en réalité, les races ennemies viennent se briser contre la pierre vi-
vante de leur foi, ou s'amollir à la fournaise de leur
charité. Finalement, toutes ces races, sans en excepter les Juifs, viendront se fondre dans la grande
unité catholique et enrichir l'Eglise de leurs qualités naturelles, devenues le piédestal d'une grâce
excellente. Mais jusqu'au bout, la prière, le dévouement et l'immolation monteront la garde de gloire
autour de ce Sépulcre.

Telles étaient les réflexions du P. Brullon dans
sa veille sous les saintes coupoles.

S'il fût venu quelques années plus tard, il eût vu
nos gouvernements voltairiens et nos froids diplo-

mates forcés de s'émouvoir et de rendre hommage
aux Lieux Saints. Qu'ils le veuillent ou qu'ils ne le
veuillent pas, le saint Sépulcre pèsera toujours
dans la balance des affaires de ce monde. Nos
Machiavels d'Europe ont été mis en demeure de
s'en occuper ou d'abandonner le patronage de
l'Orient à la Russie schismatique. Ils se sont donc
coalisés pour soutenir les droits des pauvres Franciscains qu'ils méprisent, et Sébastopol a vu tomber
ses murs devant les catholiques de la France et de
l'Irlande, mêlés aux révolutionnaires d'Italie et aux
protestants de l'Angleterre. Depuis plusieurs années,
cette dernière puissance rationaliste s'est alliée
avec la Prusse pour être représentée officiellement
près de ce Tombeau d'inévitable attraction; et le
palais d'Hérode, ce palais qui a vu tant de scéléra-
tesses, s'est relevé pour devenir celui d'un évêque
anglo-prussien et de sa cour. Que viennent faire
auprès du saint Sépulcre ces hommes qui ne voient
dans le moine qu'un être ignorant et superstitieux,
et dans nos plus chères traditions qu'erreur et
fourberie? Viennent-ils reprendre les profanations
d'Adrien? Humainement parlant, ils ne peuvent
être qu'un nouvel élément de dispute et de confu-
sion. Le protestant du nord, plus éclairé que le Juif,
plus habile que le Grec, plus riche que le Russe,
plus puissant que le Turc, plus hardi que l'Arabe,
semble être le génie du monde révolutionnaire.

Mais, après tout, qu'est-il? Une fraction minime
dans l'armée des ennemis de l'Eglise. Pour eux seuls
il est à redouter : car souvent il se retourne contre
eux, le glaive de l'Ecriture en main; et, l'un après
l'autre, ses enfants arrivent à reconnaître que le
Sépulcre du Seigneur doit être glorieux et que la
saine critique ne trouve nulle autre place pour
adorer, que celles qui sont usées par nos baisers.

Le P. Brullon remarqua à peine ces nouveaux
venus; s'il l'eût fait, c'eût été avec le frémissement
de l'âme courageuse qui sent approcher les victoires de la vérité, de la justice ou de la charité :
il les eût ajoutés aux autres objets de son ardente
prière. Elle était brûlante, en effet, sa prière. Prêtre
et abreuvé chaque jour du Sang divin, il se trouvait
au sommet du Calvaire, il allait y sacrifier; au
saint Sépulcre, il allait ensevelir l'Homme-Dieu
dans son cœur... D'avance, il offrait, il immolait,
il se perdait et perdait tout dans le divin Tombeau.
En contemplant le monde, ses désordres, la captivité douloureuse de l'Eglise, il sentait dans les profondeurs de son âme, le travail de la vie divine et
l'enfantement douloureux dans le Christ; de sorte
que toutes ses contemplations, tous ses souvenirs,
toutes ses angoisses et toutes ses affections venaient
se résumer dans le grand cri de la prière.

Pendant les deux jours et les deux nuits que
l'amour le retint prisonnier du saint Sépulcre, il

visita plusieurs fois, seul ou avec les frères, tous les
lieux marqués par des souvenirs. « Partout, » dit-il,
« j'ai prié de toute mon âme et de toutes mes
forces, pour l'Eglise, la France, tous les peuples
qui sont en travail de régénération, pour notre
œuvre et ses membres, et selon les intentions de
ceux qui se sont recommandés à mon suffrage
aux Saints Lieux. Je ne crois avoir oublié personne. »

Pendant tout son voyage, il avait ainsi intercédé
pour tout ce qu'il aimait ; mais depuis qu'il était en
Palestine, sa prière semblait attisée sans mesure
par le contraste des besoins impérieux non satis-
faits, en présence de la richesse des divines miséricordes. Pourquoi ce désordre presque infernal aux
lieux mêmes de la grande réparation ; le sacrilége,
la haine et le blasphème, là où Jésus et Marie
ont semé l'amour ; la malédiction et la stérilité,
pour une terre engraissée d'innombrables bénédictions?

Non, cet état ne peut durer, pensait le P. Brullon,
et le refrain de ses pensées, c'était toujours la
prière, le dévouement et la sainteté. Il voulait
qu'au moins les jeunes générations fussent sauvées,
et le salut des jeunes générations se trouve surtout
dans l'éducation de la femme. Il marquait donc,
dans son esprit, les endroits déjà consacrés par de
mystérieux souvenirs, pour être occupés par des

vierges chrétiennes ou par des hommes de science
et de contemplation. Il voyait partout des ruines
inoccupées, qui semblaient n'attendre que des mains
chastes pour se relever dans la joie. Nazareth lui
semblait incomplet sans une colonie de vierges; le
Calvaire, sans une représentation de la Reine des
martyrs; le Thabor, sans une forteresse céleste de
religieux resplendissants de zèle, de science et
d'amour; Bethléem, sans une continuation des
célèbres écoles où saint Jérôme dirigeait les Paule
et les Eustochie, en même temps que les humbles
enfants des pauvres.

En un mot, il avait partout le sentiment impatient
des maux et l'instinct des remèdes; et, dans sa ferveur, il faisait retentir les échos du Cœur de Jésus,
en appelant les apôtres et les vierges dévouées, des
quatre coins de la France. Il les appelait au secours
de cette terre désolée. Il leur prêchait d'avance la
sainte croisade de la science et du dévouement.

Sans doute son rêve de la Palestine restaurée
était trop beau, et ses demandes, trop semblables
à celles de la mère des enfants de Zébédée. Les
anathèmes prononcés par les prophètes nous laissent peu espérer pour la restauration matérielle de
la Terre Sainte et de sa capitale. « Je ferai de vos
villes une solitude, » avait dit le Saint-Esprit par la
bouche de Moïse. « Je désolerai votre terre, tellement que vos ennemis qui l'habiteront en seront

stupéfaits.... Elle reposera solitaire, parce qu'elle
ne s'est point reposée en vos jours de sabbat. »
(Lévit., XXVI.) Et Daniel, annonçant la destruction
de Jérusalem déicide, ajoute « qu'elle finira par un
déluge de maux, par une désolation irrévocable....
et que la désolation sera persévérante jusqu'à la
consommation. »

Mais le Seigneur sait merveilleusement combiner
les vengeances de sa justice avec de secrètes et
mystérieuses miséricordes. Il se souvient avec un
amour infini de la patrie qui lui a donné sa Mère.
Des bénédictions cachées, plus précieuses que toutes
les prospérités matérielles, peuvent rafraîchir et
consoler la pauvre terre des enfants d'Abraham et
de Jacob. La vision du cœur du pèlerin ne fut
point complétement vaine, et ses demandes, parta-
gées par tant d'âmes ferventes, étaient soufflées
par l'auteur même des saints désirs, qui inspire les
prières qu'il veut entendre.

Les jours qui suivirent furent employés par
notre voyageur à visiter Jérusalem et ses environs,
y compris Bethléem. On lui avait conseillé de ne
sortir jamais qu'avec une escorte et armé jusqu'aux
dents, surtout dans le quartier turc; mais, à part
la première excursion, où il avait besoin de renseignements préliminaires, il préféra rester seul dans
ses courses. Il était pauvre; et le pauvre n'a ni
escorte, ni cavas, ni drogman. Le quartier turc

en particulier eût été celui où tous ses instincts de
fils de soldat lui auraient dit de marcher la tête
levée et d'agir en liberté; mais c'était aussi celui
de la *Voie douloureuse,* où son Sauveur avait passé
le dos courbé sous la croix, avec des bourreaux
pour escorte : il voulait donc y passer à sa suite,
humble et doux, exposé à tout mépris. Il voulait
s'y livrer tout à l'aise à sa dévotion, prier, méditer
dans tous les endroits indiqués dans le voyage de
dom Géramb. Il ne s'occupa donc point des Turcs,
et les Turcs se contentèrent de lui lancer quelques
sombres regards, quand, dans l'étroite rue, il se
jetait à genoux à chaque signe indicateur des stations. Qu'avait-il à faire de songer à eux ou à lui-
même dans ces lieux arrosés du Sang précieux ?
Oh ! que son âme était attendrie en considérant
l'humanité sainte de son Sauveur, souffrante, humiliée, flagellée, conspuée, couronnée d'épines et
moquée devant les représentants du monde ! Saisi
d'amour et de compassion, il cherchait à pénétrer
le mystère; à voir le fond de cette Personne sacrée
que le judaïsme accuse et que le paganisme inter-
roge et condamne.....; sous cette forme mortelle,
l'essence infinie; sous ces actes visibles, des volontés, des amours, des desseins ineffables; sous cette
parole créée, la lumière et la vie ! Le grand drame
qui s'est passé visiblement en ces lieux, ce n'est
que l'écorce et le symbole des réalités qui se pas-

sent dans la région de l'invisible vérité. Arriver à
cette région, y introduire les autres, tel est le but
du prêtre. Il ne doit plus vivre qu'en Jésus-Christ,
et son aspiration suprême doit être au Calvaire,
continué par le saint Sacrifice.

De nouveau, le P. Brullon appelait dans son
cœur une sainte révolution, une révolution par la
lumière et la sainteté.

Encore plongé dans ces pensées, il fit sa visite à
Bethléem.

Généralement, les impressions des voyageurs y
sont moins pénibles qu'à Jérusalem : la population
en est presque toute chrétienne, les mœurs et les
physionomies sont plus douces, et, malgré le voisinage de la mer Morte, le paysage et le ciel même
sont moins austères. Il semble que Notre-Seigneur
ait voulu épargner ce lieu de ses premiers sourires.
Aussi le P. Brullon se disposait-il à s'abandonner
à toutes les suavités de la dévotion la plus tendre.
Il put, en effet, dire la messe à l'autel de l'Adoration
des Mages, au tombeau de saint Jérôme et dans le
sanctuaire même de la Nativité, « là où le Dieu
Sauveur s'offrit lui-même à son Père dès son entrée
dans le monde. » Mais il dut célébrer au bruit du
chant des Grecs qui officiaient à quelques pas de
là, et qui, leur heure venue, l'obligèrent à quitter
la sainte Crèche, où il faisait son action de grâces.
Il alla se consoler dans la chapelle de Saint-

Jérôme, ce vigoureux saint que les hérétiques ne
nous disputent point, et dont la figure austère et
forte lui était sympathique. Sainte Paule et sainte
Eustochie partagent avec leur maitre dans la vie
religieuse, l'honneur d'avoir eu leur tombeau et
leurs autels près de la Crèche. A ces dignes
patrons et modèles de toute œuvre de rénovation
religieuse pour le sexe, le P. Brullon recommanda
tous ceux de ses amis qui pouvaient être appelés à
une semblable vocation, ainsi que toutes les fondations nouvelles. Pour lui-même, il demanda un
redoublement d'élévation d'âme, d'indépendance et
de force.

Il revint à Jérusalem pour fêter sainte Madeleine
au Calvaire; mais il trouva que, cette nuit même,
tout le couvent de Saint-Sauveur se rendait en pèlerinage à Béthanie, au tombeau de Lazare. Profitant
donc de l'occasion, il partit avec le premier cortége des pèlerins et des frères qui allaient tout préparer. Des janissaires les accompagnaient; plusieurs lanternes éclairaient la marche, et chacun
était armé d'un bâton. Ce cortége descendant par
la porte Probatique, traversant à minuit le torrent
de Cédron, et longeant un sentier sous les murs de
Gethsémani, rappelait bien vivement à l'esprit la
troupe qui alla saisir le Sauveur. « Mais, par la
grâce de Dieu, » dit le P. Brullon, « la nôtre allait
l'adorer. » Une marche rapide au clair de la lune

l'amena bientôt aux ruines de Béthanie, et, comme il était le premier prêtre arrivé, il se prépara de suite à monter à l'autel. Avant trois heures du matin, entouré d'Allemands, d'Anglais, d'Italiens et de femmes syriennes au costume antique, il était à dire la messe de sainte Madeleine au sépulcre de Lazare.

Après son action de grâces, il dut laisser sa place à d'autres dans l'étroit souterrain. Il trouva plusieurs bivouacs établis sous les beaux oliviers du vallon. Les lanternes suspendues aux branches, et les feux où l'on préparait l'indispensable café, éclairaient cette scène toute orientale. Mais bientôt les rayons du jour révélèrent le gracieux site de Béthanie et aidèrent à relire les passages de l'Évangile qui se rapportent à cet endroit où Notre-Seigneur s'est plu à manifester les divines tendresses de son cœur. Une grosse pierre indique le lieu de la rencontre et du colloque entre Jésus, Marthe et Marie, avant la résurrection de Lazare. Les pèlerins s'y réunissent en priant, pour diriger ensuite leur retour vers Jérusalem. Quand on arrive à Bethphagé, un des Pères Franciscains chante l'évangile du matin des Rameaux, et alors on se forme en procession pour aller à la chapelle de l'Ascension, au sommet du mont des Oliviers; puis on redescend au lieu où Jésus contempla Jérusalem et pleura sur elle. La grotte de l'Agonie forme la dernière station.

Le soir même, le P. Brullon recommençait une expédition pieuse : il parcourait les lieux sanctifiés par la première visite du Verbe incarné et par la vie merveilleuse du saint Précurseur. Il trouva une aimable hospitalité chez les Pères de Terre-Sainte, dont le couvent a succédé à la maison qui s'est *réjouie* de la *nativité* de saint Jean. Tous ces environs, moitié gracieux, moitié sauvages, sourirent beaucoup au P. Brullon. Près de l'église, aux trois quarts tombée, de la Visitation, là où se trouvait la maison de campagne de Zacharie, il eût voulu placer une maison de Sœurs des Sept-Douleurs, pour en relever les ruines et chanter le *Magnificat*. A la grotte du désert, dans la profonde gorge où saint Jean vécut de miel sauvage et de sauterelles, près de la petite source intarissable qu'ombrage un magnifique caroubier, il eût volontiers choisi sa demeure à lui-même, si ce dessein eût pu concourir avec les vues de la divine Providence.

A son retour de Jérusalem, il eut un long entretien avec Mgr Valerga sur les moyens de travailler à la restauration de la Terre Sainte, soit de près, soit de loin, selon les éventualités; ils passèrent en revue les œuvres à fonder, ainsi que les obstacles et les dangers que l'on rencontre nécessairement à raison de la barbarie musulmane, de la jalousie des hérétiques, de l'indifférence des gouvernements et de l'abaissement de la foi.

Le P. Brullon eut la consolation de visiter un sanctuaire nouvellement restauré et d'y célébrer la sainte Messe. L'emplacement de la flagellation était marqué par une chapelle ruinée; mais, en 1838, le prince Maximilien de Bavière, voulant laisser un monument de sa visite aux Saints Lieux, fit rebâtir l'édifice et le décora de tableaux représentant les différentes scènes de la flagellation, du couronnement d'épines et de la dérision des soldats.

La fête de saint Jacques le Majeur est célébrée dans l'église bâtie aux lieux de sa demeure et de son martyre. Ce sanctuaire ainsi que l'hospice des pèlerins espagnols qui y est attenant, ont été usurpés par les Arméniens; mais les Latins ont conservé le droit d'y officier à leur tour. Le P. Brullon demanda par l'intercession de l'apôtre *fils du tonnerre*, une sainte avidité pour le calice du Seigneur, quelle que soit l'amertume répandue parfois sur les bords du vase.

En sortant du couvent de Saint-Jacques, il alla visiter la partie du mont Sion qui se trouve maintenant hors des murs. C'est vraiment le champ des ruines : Jébus, berceau de l'ancienne Jérusalem, semble être devenue son tombeau. Deux ou trois édifices, cependant, conservent des souvenirs infiniment chers aux cœurs chrétiens: c'est le Cénacle; c'est la maison de la sainte Vierge, ainsi

que les tombeaux de David et de Salomon. Mais le
P. Brullon ne put y pénétrer.

La fête de sainte Anne appela naturellement les
pèlerins à son tombeau, placé, comme celui de
saint Joseph, près du sépulcre témoin de l'Assomption de la sainte Vierge, sous la colline de Gethsémani. Mais, ce sanctuaire étant occupé par les
Grecs, on fit les offices dans la grotte de l'Agonie,
qui se trouve dans le voisinage, et qui est restée,
par la grâce de Dieu, entre les mains des Latins.
Cette grotte, assez spacieuse, s'ouvre sur le jardin
des Oliviers, là où Notre-Seigneur avait coutume
de prier. Le P. Brullon fit de son mieux pour
s'associer à ces divines prières, et le lendemain, il
vint encore y passer la matinée. Nous pouvons
aisément penser combien cette âme si tourmentée
de saints désirs et toujours froissée dans ses aspirations les plus célestes, dut entrer profondément
dans les sentiments de l'amour de Jésus triste
jusqu'à la mort. Mais laissons-le parler.

« Ce lieu, qui fut le théâtre d'une des circons--
tances les plus mystérieusement douloureuses de
la Passion, est celui de tout Jérusalem qui, dans un
sens, me touche et m'attache le plus. Jésus torturé
par l'angoisse, réduit à l'agonie par les douleurs et
les perplexités d'âme, souffrant jusqu'à la sueur
de sang !... Le Seigneur a voulu que je ressentisse
plus que toutes les autres cette partie de sa Passion.

L'emplacement n'a point subi les altérations de la main des hommes. J'y célébrai la messe de tout mon cœur, et j'y demeurai longtemps après. — Il me semble que les pensées qui m'arrivèrent pendant cet instant d'oraison, et les résolutions qu'elles m'inspirèrent, sont les plus précieuses que Dieu m'ait envoyées pour la réforme de ma vie, et pour commencer la carrière qui va se rouvrir devant moi. Je sentis intimement et mieux que jamais, que je n'avais tant souffert et trouvé tant d'impuissance en moi-même, que pour n'avoir pas su affranchir mon âme d'une multitude de petites craintes et sollicitudes dont le démon l'avait enveloppée comme d'un réseau. Je voyais tous les liens d'amour-propre et autres qui m'avaient si déplorablement arrêté; je voyais toutes les contradictions de ma vie et de ma nature. Dieu a permis qu'elles m'amenassent de longues et cruelles épreuves. Ma vie eût été bonne, si j'avais su m'affranchir, m'élever, me fortifier, en me précipitant en Dieu d'une manière plus constante, plus confiante, plus entière, plus digne de lui. Ma vie sera bonne à cette condition. Dès lors, ma résolution fondamentale, à laquelle, pour le moment, je rapporte tout le reste, c'est d'affranchir mon âme, de tout écraser, de tout fouler aux pieds pour lui procurer la liberté dont parle saint Paul, quand il nous recommande de ne nous inquiéter de rien, mais de

nous reposer en tout sur nos demandes et nos
supplications, que Dieu n'ignore jamais, quand elles
partent d'un cœur reconnaissant. Et Notre-Seigneur
ne nous dit-il pas lui-même de ne pas nous mettre
en peine du soutien de notre vie, de ne pas croire
que toutes nos agitations puissent ajouter quoi que
ce soit à ce que la Providence veut nous départir...
de chercher avant tout le royaume de Dieu, en
nous renonçant nous-mêmes, et d'abandonner
aux morts, à ceux qui ne vivent pas de la vie
d'amour, le soin d'ensevelir leurs morts, c'est-à-
dire d'ajouter un peu de poussière à la poussière
du monde pour nous cacher sa laideur et sa corruption (1)?

» Une pensée m'attristait profondément à cette vue
de retour sur mon passé. C'est la perte du temps,
le peu de progrès dans la science. Mais je me con-
solai en me souvenant que toute science est vaine
quand elle ne vient que des efforts de l'homme; que
depuis un an surtout, j'en voyais la nullité en parcourant le monde. — Le Seigneur est le Dieu des
sciences, et il saura bien me donner celle qu'il me
faut, si je sais moi-même me conformer à ses volontés, et si je suis constamment attentif à écouter
le maître intérieur... J'aurais dû déplorer davan-

(1) Philip, iv, 6. Matth., vi, 26, et viii., 22. — Ces textes sont
cités en latin dans le journal.

tage mon peu de progrès dans la vie spirituelle.

» Je mis ces réflexions sous la protection de la
sainte Vierge et de mes célestes protecteurs, et
quittai le saint lieu avec un serrement de cœur
(car peut-être ne le reverrai-je plus), mais aussi
plein de consolation et de confiance, sûr de ne
jamais l'oublier. »

La Bible à la main, le P. Brullon parcourut
encore une fois la sainte Montagne. Le mont du
Scandale lui montrait ce que des femmes infidèles
avaient fait du plus sage des rois; le lieu d'où notre
divin Sauveur pleura sur Jérusalem lui montrait ce
que peut l'infidélité du prêtre et du religieux. Il
voyait la mosquée d'Omar sur l'emplacement du
Temple, et les Lamentations de Jérémie lui révé-
laient pourquoi l'homme de haine, l'ennemi par
excellence était le maitre des portes de Jérusalem (1).

Méditant sur ces deux sources de la perte ou du
salut de l'Eglise, le P. Brullon dit adieu à ce lieu
de sublimes désolations, priant le Seigneur de ne
pas lui laisser perdre le fruit de ces grandes leçons,
et de faire de son voyage une époque de salut pour lui.

Il fallut aussi dire adieu au saint Sépulcre. Toutes
les heures de sa dernière nuit furent consacrées à
la prière. Prosterné devant le saint Sacrement, ou

(1) *Propter peccata prophetarum ejus et iniquitates sacer-
dotum ejus...* Lament., IV, 13.

passant du saint Tombeau au sommet du Golgotha,
il sentait à regret les moments s'échapper et n'en
voulait perdre aucun. Le lendemain, après sa messe,
il vit armer chevalier du Saint-Sépulcre le prince
de Podenas. Au souvenir des tracasseries humi-
liantes qu'il avait éprouvées à l'entrée de l'église,
notre pèlerin ne pouvait guère se défendre du
désir de voir cette consécration d'un défenseur du
saint Sépulcre devenir quelque chose de plus
qu'une cérémonie, et la vue des armes de Godefroy
de Bouillon ne put qu'augmenter sa peine et ses
désirs. Mais, en attendant, pour lui-même, il renou-
velait ses résolutions de vie sacrifiée. Il faut être
mortifié... il faut s'affranchir selon la même loi que
le Sauveur et les saints ont voulu subir (1).

L'onction divine ne pouvait manquer d'adoucir et
de récompenser ces austères résolutions. La douce
piété envers la sainte Vierge en particulier, vint
embaumer les derniers moments du séjour de
notre pèlerin à Jérusalem. Jusqu'alors, il avait
ignoré la chapelle de Notre-Dame-des-Douleurs au
Calvaire. Cette chapelle date du temps des Croisades (2). La porte par laquelle elle communiquait

(1) *Hæc opportuit Christum pati... Qui sunt Christi
carnem suam crucifixerunt.*

(2) Le P. Brullon l'attribue à sainte Hélène : il la confond sans
doute avec les arceaux de la Vierge qui sont de l'autre côté
de la grande nef, et qui appartiennent aussi aux Latins.

à la chapelle du Crucifiement est murée, et, son entrée n'étant point soumise au contrôle des Turcs, les Latins en jouissent en parfaite liberté.

« J'allai passer, dit le journal, une partie de la journée sur le Calvaire près de Notre-Dame-des-Douleurs, et, je le crois, dans sa maternelle compagnie. C'est le meilleur instant de mon séjour à Jérusalem... Tenir, comme la Vierge sainte, mon regard fixé sur Dieu, et d'après cela, diriger et dominer tout dans ma vie, c'est par là que je me rendrai capable de tout souffrir et de tout entraîner, pour présenter tout à Dieu. »

C'est dans cette même chapelle de Notre-Dame-des-Douleurs qu'il célébra sa messe comme dernier acte de son pèlerinage, le 31 juillet 1848. Il la quitta l'âme pleine de reconnaissance, et partagée entre la joie et le regret de quitter ces lieux bénis. Il avait accompli son grand voyage : il avait pu visiter les différents sanctuaires plus à loisir qu'il ne l'avait espéré ; et maintenant, il s'en retournait plein de courage et de résolution, prêt à servir Dieu d'une manière plus grande, plus libre et plus fructueuse que jamais.

Nous ne devons point oublier de mentionner l'impression que la vue des Lieux Saints avait produite dans le P. Brullon. C'était une sorte de crainte que sa foi ne fût plus une fille du ciel et qu'elle ne fût devenue toute naturelle et trop historique. Il avait vu ; il avait touché ; il avait relu l'Evangile sur place. Il avait une vue plus claire de la vie humaine de Jésus. Aussi comprenait-il fort bien que le mauvais chrétien et l'impie sortissent parfois de Jérusalem plus profanes, plus raisonneurs et plus éloignés de Dieu que jamais. Mais, pour lui, il sentit bien vite que sa foi n'avait que changé de région. Elle vivait plus forte et plus aimante que jamais dans les intimes profondeurs de l'âme.

CHAPITRE IX

RETOUR EN FRANCE

———⌇◦◦◦⌇———

Le lendemain, de bonne heure, sa lettre de pèlerin en portefeuille, le P. Brullon partait avec le nouveau chevalier du Saint-Sépulcre et sa petite escorte. Leurs âmes étaient remplies d'émotion, tandis que les murs et les édifices de la Ville sainte disparaissaient derrière eux. La vallée de Térébinthe, où David renversa Goliath ; Modin, la ville des Machabées, ces chrétiens d'avant le Christ ; Ramlah, l'ancienne Arimathie, assise au milieu de la plaine de Saron, que même les Turcs ne peuvent rendre stérile, vinrent successivement distraire leurs pensées jusqu'à leur arrivée à Jaffa.

« J'aperçois la vapeur : dans six heures nous serons en route pour la France. » Voilà ce qu'écrivait joyeusement notre pèlerin depuis le couvent des Franciscains espagnols. Le *Novelly*, cependant, n'était qu'un bateau marchand, fort mal monté et encombré de passagers juifs ou mahométans, émigrant en Algérie. Les premières places avaient été réservées pour le vicaire général protestant de Jérusalem et sa famille. Il ne restait presque plus d'espace pour le prince de Podenas et les autres passagers. Le P. Brullon dut s'accommoder comme il put sur le pont, parmi les ballots infects des ménages arabes. Cependant le temps était affreux. Après trois jours et trois nuits, un calme plat remplaça la tempête. Mais on n'était encore qu'à la hauteur de Damiette. Le charbon et l'eau manquaient à la fois : il fallait attendre les vents favorables. La faim et la soif se font sentir de plus en plus parmi la multitude qui encombre le pont ; la crainte et l'inquiétude deviennent générales, et tous, hommes, femmes et enfants, les yeux hagards, la figure défaite et les vêtements en désordre, s'attroupent devant l'arrière-pont, demandant à grands cris du pain et de l'eau. Deux fois, le capitaine lance le canot en mer, en quête de provisions, et deux fois sans succès. Ce ne fut que le vendredi, à la hauteur de Rosette, que les pauvres passagers purent se servir de l'eau de mer, rendue supportable par la proximité des bouches du Nil.

Quant à notre pèlerin, quoiqu'il partageât la pénurie commune, le calme lui rendit quelque force, et

il en profita pour faire une retraite intérieure.
L'état de souffrance et d'incertitude où il se trouvait, l'aidait naturellement à se préparer à une
sainte mort. Sondant en lui-même les répugnances
de la nature, il s'efforçait d'accepter pleinement et
pratiquement la volonté divine et d'atteindre aux
réalités pures de la patience, de la résignation et
du dévouement, en dépouillant ces vertus de ce
qu'elles ont souvent d'imaginaire quand on est
loin de l'épreuve. Il regardait comme une grâce de
devoir mettre sitôt en pratique ses résolutions du
saint Tombeau.

Enfin, le 12 au matin, on découvrit les pointes
d'Aboukir; à deux heures, on avait franchi la passe
et l'on était mouillé dans le vieux port d'Alexandrie. Mais les tribulations de voyage n'étaient
point finies. Le paquebot français était parti, et le
P. Brullon dut subir une nouvelle quarantaine de
douze jours, sous prétexe de sûreté publique, aux
portes d'une ville décimée par le choléra. C'est là
qu'il passa l'Assomption, continuant à se préparer
à la mort, mais s'y préparant dans la joie de l'âme
et dans les désirs du ciel. La mort au point de vue
de l'Assomption n'est-elle pas comme l'ombre du
manteau de Marie s'élevant dans la gloire! « Rien
d'impossible, » écrit-il, « que cette nuit ou dans
quelques jours, je ne sois du nombre des victimes
du fléau. Que l'adorable volonté de Dieu soit faite!

Je n'ai jamais eu l'âme plus calme, et, ce me semble plus rapprochée de Dieu que je ne la sens ce soir. Si donc Dieu voulait que je terminasse ici mon pèlerinage, au lieu de le terminer dans ma patrie, j'accepterais avec la plus entière résignation, comme avec la plus grande confiance. Sans doute mon âme passerait par les flammes purificatrices ; mais ce serait pour aller plus ou moins tôt se reposer au terme de son pèlerinage. La Vierge dont nous célébrons le triomphe a tant soupiré après ce moment béni ; les saints l'ont appelé avec tant d'ardeur ! Pourquoi donc serais-je inquiet et triste, en pensant que je suis exposé à toucher bientôt le but de toutes nos espérances ? Le ciel, où doivent sans cesse se porter notre vue, nos pensées, nos soupirs... le ciel, qui m'a malheureusement trop peu occupé...., sa perspective prochaine ne me réjouirait pas ! Oh ! je veux désormais remplir mon âme de la pensée du ciel, afin de la détacher de la terre, de la fortifier dans son élan vers l'éternel séjour. Si Dieu me laisse vivre, probablement qu'il me réserve bien des combats et bien des peines ; mais toujours la pensée de l'union éternelle avec mon Dieu, l'espoir de me voir dans son sein avec l'auguste Vierge qui me permet de l'appeler *ma Mère*, avec l'Ange qui me sert de garde fidèle, avec les grands saints que j'invoque comme mes protecteurs, avec tous les justes de tous les temps, me remplira de consolation et de courage. »

C'est en s'entretenant dans de pareils sentiments
que le P. Brullon passa ses jours de réclusion ;
aussi nous ne nous étonnerons point qu'il les ait
considérés comme les jours peut-être les plus heureux et les meilleurs, mais certainement les plus
paisibles de son existence. Les deux semaines qu'il
dut passer à Alexandrie au sortir du lazaret,
furent encore pleines de paix et de consolation.
Remis de ses fatigues, il se sentait revivre ; son
âme était si légère et si facile à s'élever, qu'il finis-
sait pas s'en effrayer et bénissait Dieu d'avoir
presque toujours donné à notre pauvre nature le
contre-poids de la douleur.

Il eût voulu employer son temps à faire connaissance avec les ouvrages des illustres Docteurs
d'Alexandrie. Mais dans cette ville jadis si fière de
la plus riche bibliothèque du monde, et qui renferme plus de dix mille catholiques, on ne put lui
trouver un seul volume des Pères alexandrins. Force
lui fut de se rabattre sur saint Bernard, dont le
20 août faisait une lecture de circonstance. Le reste
de son temps fut employé au service du prochain.
Les bons Frères de la Doctrine chrétienne, qui lui
avaient donné asile, profitèrent du temps de vacances que leur donnait le choléra pour faire leur retraite annuelle, et leur hôte fut heureux de payer leur
cordiale hospitalité par les trésors de son cœur.

Il trouva également à se louer des bonnes Sœurs
de Saint-Vincent-de-Paul, qu'il put voir à l'œuvre et
apprécier plus à loisir. Il eut l'agréable surprise de
rencontrer dans les rangs de leur pieuse milice
Mlle de Bonnecase, de notre diocèse. Elle sont vingt
à l'œuvre, et, autant que leur nombre, l'étendue de
leur local et le peu de temps qui s'est écoulé depuis leur établissement l'ont permis, on peut dire
qu'elles sont maîtresses du terrain. Le choléra
venait de leur emporter une des leurs, fille d'un
général français, et depuis longtemps, par le cœur,
victime de zèle et de dévouement. Elle avait baptisé
à elle seule plus de 600 enfants mahométans en
danger de mort ; objet de la vénération des musulmans mêmes, elle a laissé partout de profonds regrets. Du reste les Sœurs de la Charité semblent
toutes et partout les mêmes. « Ce sont les femmes
fortes de l'Ecriture, » dit le journal, « les vraies sœurs
missionnaires, ayant les qualités des soldats français, appliquées aux œuvres actives de la vie religieuse ; cœurs ardents sans afféterie et sans mol-
lesse, intelligence et instruction sans pédantisme,
attitude modeste et ferme, manières dignes et aisées,
conversation facile et juste, piété forte et solide,
activité pleine de précision et d'énergie. Elles
sont dans la fleur de leur développement. Le souvenir du fondateur est aussi vivant parmi elles
qu'aux jours de son existence. Un grand nombre,

sorti des premiers rangs de la société, a dû acheter sa vocation par d'héroïques sacrifices. Elles sont, en ce moment, peut-être, l'ordre religieux le plus capable de rendre service à l'Église, et, à coup sûr, elle font honneur au nom chrétien, comme au nom français. Elles m'ont reçu, moi, pauvre pèlerin sans nom, couvert des livrées de la pauvreté, avec une cordialité fraternelle, que je n'ai trouvée nulle part au même degré. Aussi leur ai-je voué la plus vive reconnaissance et la plus ardente affection en N. S. »

Il fallut cependant leur dire adieu, ainsi qu'aux bons Frères de la Doctrine chrétienne ; il fallut dire adieu à la terre de saint Marc et des thérapeutes, pères des Pères du désert et des premiers grands Docteurs de l'Église. Le 14 septembre, jour de l'Exaltation de la Sainte Croix, notre pèlerin s'embarqua sur le *Caire* et crut y trouver déjà « une première vue de la France. » Huit jours après, il était en rade devant Marseille, et sa quarantaine expirée, le 27 septembre, il touchait avec joie le vrai sol de la patrie, l'âme heureuse de se rapprocher de ce qu'il avait de plus cher au monde, et des lieux où la Providence l'appelait pour le moment à servir Dieu.

« Oh! puisse-t-elle être bonne, » s'écrie-t-il dans son journal, « cette seconde et décisive portion de ma carrière! Puisse-t-elle être bien remplie! Puisse-t-elle

être utile à l'Eglise, et à mon pays, et à tous ceux à
qui le Seigneur m'a attaché ! Puisse-t-elle être
exempte de ces fourvoiements auxquels sont exposés tous ceux qui entrent dans des voies nouvelles
que nos temps rendent à la fois nécessaires et plus
périlleuses que jamais ! Puisse-t-elle être féconde en
mérites devant Dieu et me préparer une riche et
glorieuse éternité, seule chose nécessaire et unique
terme de toute vie ! »

Il alla mettre ces résolutions sous la sauvegarde
de Marie, en disant sa première messe au sanctuaire
de Notre-Dame-de-la-Garde, qui depuis quelques
jours était le point de mire de son cœur, comme de
ses yeux.

Marseille et ses environs offrent un intérêt spécial au pèlerin de la Terre Sainte qui a visité les
restes de la brillante Magdala, et qui a suivi les pas
de Jésus visitant la famille de Béthanie et le tombeau de Lazare. Notre voyageur venait de par-
courir les mers où le souffle des Anges avait conduit la barque des trois saints persécutés par les
Juifs, et maintenant, à droite du port de Marseille,
il trouvait l'antique église de l'abbaye de St-Victor,
sombre et crénelée, comme si elle avait encore à se
défendre contre les Sarrasins ; suave et mystique à
l'intérieur, comme si l'esprit de ces pieux et savants
contemplatifs y respirait encore. Sous les dalles
sacrées, il trouvait une série de cryptes, dont plu-

sieurs, remontant à l'époque de saint Lazare, ont dû
lui servir tout à la fois d'églises et de retraites. C'est
là que fut jetée la première semence du Christia-
nisme dans les Gaules, et ce roc vif s'est adouci
pour faire germer la parole évangélique. Oh !
comme de pareils monuments aident le philosophe
chrétien à résumer tous les âges dans son cœur, et
à vivre dans de saintes aspirations vers cette vie
religieuse qui, toujours la même dans son fond,
s'enrichit cependant dans son passage à travers les
siècles ! Le père Brullon appelait pour lui-même et
pour toute la France la brillante et forte vie religieuse du moyen âge, et les dévouements des premiers temps, combinés avec nos formes modernes.
Il appelait des jours de lumière, de charité ardente
et de vigoureuses vertus ; car la société qu'il avait
traversée lui paraissait comme une troupe de passagers ballottés dans une nuit de tempête, sur un
navire fourvoyé. Mais Celui qui conduisit sur nos
rivages le zèle, le repentir et la lumière, sur le bateau désemparé de Lazare, est aussi celui qui dirige
le grand vaisseau de la société chrétienne et qui lui
donnera les hommes de lumière et de dévouement
qui doivent la sauver.

Le 28, notre pèlerin alla dire sa messe au tombeau de sainte Madeleine, dans la belle église du
bourg Saint-Maximin. Ensuite il s'achemina vers
le lieu de la pénitence de la sainte, et franchit rapi-

dement les quatre lieues qui le séparaient de la
Sainte-Baume. Ne fût-on qu'un simple touriste, on
aurait peine à regretter ses pas quand on arrive
à dominer à la fois et le plan d'Aulps avec son
amphithéâtre de masses granitiques, et la plaine
immense où l'œil se repose sur la flèche de
Saint-Maximin, et les Alpes qui se perdent au loin-
tain. Si l'on gravit encore le rocher qui s'élève de
trois cents pieds au-dessus de la grotte, la vue
s'étend au sud sur la mer et les côtes, et l'on jouit
d'un des plus magnifiques panoramas qui soient en
France. Pendant ce temps, la brise vous apporte
par bouffées l'odeur mélangée des orangers en
fleur et des pins odorants. C'est au milieu de ces
splendeurs que se trouve enchâssé le souvenir de
la pénitente qui a prodigué des parfums sans prix
aux pieds de son Sauveur. La chapelle de Saint-
Pilon rappelle les extases lumineuses qui chaque
nuit trahissaient la sainte aux regards encore
païens des bergers. Dans la vaste grotte, une chapelle et une statue en marbre indiquent le lieu de
sa prière et de son repos; plus bas, les eaux suin-
tant aux parois des rochers, forment une source
qui était plus que suffisante à ses besoins.

Le P. Brullon, tout habitué qu'il pût être à de
semblables impressions, et tout désireux qu'il fût
de hâter son retour, ne put résister à l'attrait d'une
nuit passée en contemplation dans cette sainte

retraite : il s'y enferma donc, après une chétive collation, pour veiller et prier, à la suite de la sainte, et y célébrer la messe le lendemain.

Cette nuit, à laquelle la nature vint prêter les solennités d'un violent orage, est mentionnée avec des transports de bonheur dans les notes du journal. La foudre, qui écrit souvent son passage sur ces masses granitiques sans les ébranler, n'était point à craindre pour le pèlerin caché dans la pierre : c'était pour lui la voix amie du Sinaï, plutôt que ses terreurs.

Une visite au tombeau de Ste Marthe, à Tarascon, fut le dernier acte de cette intéressante partie de son voyage.

Le soir du 4 octobre 1848, à la brune, le pèlerin d'Orient traversa Langres avec ses souliers poudreux, son sac de soldat, son manteau à croix rouge et son bâton de voyage. Un grand front chauve et une barbe de missionnaire ajoutaient à l'austérité de ses traits; mais la joie de retrouver ses frères illuminait son regard.

« Pendant une des plus sereines soirées d'automne, » dit le journal, « la nouvelle lune éclairait doucement ma dernière marche et me permettait d'effectuer de la manière la plus suave et la plus paisible, la plus poétique même, mon retour dans ce vallon qui fut pour moi si plein de douleurs. Je priais de tout mon cœur pendant cette dernière route, et à 10 heures, je déposais mon bagage de pèlerin sous les tilleuls séculaires, au seuil de la chapelle de Notre-Dame.

» J'ai accompli en un an et 21 jours, ce voyage où Dieu m'a fait les grâces les plus précieuses, et qui doit commencer dans ma vie une nouvelle période digne de mon saint état et de la glorieuse éternité qui m'attend.

» Action de grâces, louange et amour soient rendus à Dieu, mon Père et mon Sauveur, et, pour sa plus grande gloire, à l'auguste Vierge notre mère, à mon saint Ange Gardien et à mes saints protecteurs! Ainsi soit-il. »

CHAPITRE X

LE TERME APRÈS LE PÈLERINAGE

Après quelques jours d'un laborieux repos à Cuves, le P. Brullon dut prendre congé de ses amis et du paisible vallon qu'il ne devait plus revoir : Paris était encore dans le travail des institutions nécessitées par la révolution de 1848. La nouvelle république ne s'était point montrée hostile à la religion, et beaucoup d'excellents esprits s'étaient persuadé qu'en modérant et en dirigeant le mouvement, on pourrait à la fois satisfaire aux besoins populaires et les rendre utiles à l'Eglise. C'est pour servir à ce grand dessein que le P. Brullon fut appelé à Paris, où il se mit à prêcher dans les églises et dans les assemblées populaires, toutes les fois qu'il en put trouver l'occasion ; et certai-

nement il le fit avec un esprit de foi, de charité et
de modération propre à calmer et à réconcilier les
cœurs à la religion, sans lui rien faire perdre de
son empire. Sa courte apparition dans les chaires
de la capitale suffit, sinon pour le faire connaître,
du moins pour faire présager le succès qu'il y aurait
obtenu, si sa carrière eût été moins courte. Bien
des années après, des prêtres de Paris qui l'avaient
entendu, parlaient encore avec éloge et sympathie
à des amis communs de sa parole forte et chaleu-
reuse. S'il eût été seul, l'autorité diocésaine ne se
fût point alarmée d'une parole si fervente et si
purement chrétienne; mais dans les circonstances
où l'on se trouvait, quand même on l'eût voulu, il
eût été difficile à plusieurs prêtres associés et
désireux d'agir sur l'opinion, d'éviter les grandes
questions sociales qui s'agitaient partout. Ils ne
pouvaient rester calmes spectateurs, lorsque les
hommes de la politique et de la science humaine
se partageaient l'empire du monde, comme si Dieu
n'eût rien eu à y voir. Loin de se tenir à l'écart,
ils avaient pris position au centre même des mouvements populaires. Sur un terrain si glissant,
NN. SS. de Paris et de Langres commencèrent à
craindre que la dignité et les intérêts de l'Eglise
ne fussent compromis. Même avant l'orage,
Mgr Parisis avait voulu que l'œuvre des Sœurs
rentrât sous sa juridiction immédiate, afin de lui

épargner, s'il en était besoin, toute solidarité fâ-
cheuse. Bientôt le prélat, consulté par le P. Brullon sur divers points, saisit l'occasion de lui faire
entendre que, sans rien précipiter, il devait être
prêt à sortir d'une voie qui pouvait n'être pas
celle de Dieu. Une décision complète eût affran-
chi cette âme droite de toute perplexité; mais il
fallait attendre, et briser lentement ses liens
avec des œuvres pour lesquelles il avait longtemps souffert. Il sentait donc une profonde
angoisse. En attendant, il travaillait, au milieu de
l'hiver, dans un dénûment absolu des choses nécessaires à la vie.

A la fin, le défaut de sommeil et de nourriture et
les fatigues extraordinaires jointes aux afflictions du
cœur et aux germes d'infirmités qu'il avait peut-
être rapportés de son voyage, déterminèrent une
lésion dans les reins et une décomposition du sang.
A son grand étonnement, il vit ses membres
amaigris se gonfler. Il vint à bout de terminer les
prédications d'une station de carême qu'il avait
commencée, et pendant quinze jours, il traîna
péniblement ses jambes enflées sur le pavé de
Paris; mais enfin, le Mercredi saint, après un
dernier sermon, il dut aller demander à l'hospice
Marie-Thérèse un lit, qui ne lui fut point refusé.

Dès le 19 avril, le mal avait fait de tels progrès
qu'il dut se servir d'une main étrangère pour

10.

écrire à son ami de Cuves au sujet de son petit
mobilier et des arrangements à prendre pour concilier avec la délicatesse la plus affectueuse et la plus
tendrement chrétienne, ce qu'il devait à sa famille
et ce qu'il pouvait devoir à d'autres. Puis il ajoutait : « Je comprends toute la gravité de vos sollicitudes ; j'offre à Dieu mes peines pour qu'il vous
accorde de triompher des vôtres.

» Malgré ces préoccupations qui vous enva-
hissent, je vous prierai, au nom de la charité de
Jésus-Christ, de penser à moi devant Dieu. J'oserai
réclamer de la part de votre communauté une neuvaine à Notre-Dame-des-Sept-Douleurs et quelques
communions. »

Quelques jours après, il avait reçu le saint
Viatique et se recommandait encore aux prières
des sœurs et des enfants de Cuves. Un directeur
de séminaire qui l'avait vu à Cuves et qui avait
su l'apprécier, apprit par hasard sa maladie et
le vit de temps en temps. « J'ai bien regretté
d'avoir appris si tard la maladie de l'abbé Brullon, »
m'écrivait-il ; « j'ai tout à gagner pour le cœur
et l'édification. Il envisage avec une parfaite
indifférence l'issue de sa maladie, la guérison
ou la mort. Cette dernière issue serait peut-être
la plus heureuse pour lui ; mais ce serait un malheur
pour l'Eglise, à laquelle il semblait fait pour rendre
tant de services. »

Le même prêtre écrivait trois semaines après, en date du 25 mai.

« Je croyais bien, il y a huit ou dix jours, ne t'écrire plus que pour t'annoncer la mort de ce saint prêtre. Il avait reçu les derniers sacrements, et les médecins n'en espéraient plus rien. On avait tenté une opération d'un succès fort douteux, en perçant avec la lancette les tumeurs du ventre et des jambes. Il en était sortie une quantité d'eau énorme; je ne sais combien de litres. Le malade avait été soulagé; mais il était très-affaibli; la dernière fois que je l'avais vu, après avoir été administré, je l'avais trouvé si changé que j'avais cru lui serrer la main pour la dernière fois. Quelle fut ma surprise, deux ou trois jours après, de le trouver avec la figure assez bonne, assis sur son séant et dînant d'assez bon appétit. Il me dit qu'il avait fait vœu, le jour même que je l'avais quitté, d'un pèlerinage à Notre-Dame-de-la-Salette, et que, dès lors, son état s'était sensiblement amélioré, et qu'aujourd'hui les médecins et les sœurs avaient beaucoup d'espoir. Depuis, le mieux se soutient. Je l'ai vu encore hier. Cependant l'enflure n'a pas encore disparu, et il n'est pas encore tiré d'affaire, il s'en faut bien. Sa guérison, si elle a lieu, sera l'œuvre du temps. Espérons que la sainte Vierge achèvera son œuvre et conservera ce bon prêtre à l'Eglise. Il m'a édifié par la joie

avec laquelle il avait accepté la mort. Il a, pour
ainsi dire, plus de peine maintenant à se résigner
à la longue et ennuyeuse inaction à laquelle il se
voit condamné sur un lit de douleur.

» On n'oserait donner l'amélioration de son
état comme un miracle. Néanmoins on ne peut
guère ne pas y reconnaître du surnaturel. Tous
ceux qui m'en avaient parlé auparavant, m'a-
vaient dit que les médecins le regardaient comme
désespéré, et qu'infailliblement la gangrène se
mettrait dans les tumeurs du ventre et des jambes.
Après qu'il eût été administré, on pensait qu'il
n'en avait plus que pour quelques jours. »

Dieu, sans donner à son serviteur, si anéanti
aux yeux du monde, le prestige des miracles écla-
tants, voulait sans doute le consoler, ainsi que ses
amis, en lui donnant une marque intime d'approbation, et en lui faisant sentir que ses prières et
ses souffrances lui étaient agréables ; mais ce n'était
qu'une préparation pour le dernier combat : son
exil ne devait se prolonger que de quelques mois.
Aussi le jour de la fête de saint Augustin, jour si
cher à son cœur, malgré de déplorables changements, il parlait ainsi de sa rechute : « Depuis un
mois, j'ai beaucoup souffert dans mon âme, comme
dans mon corps. L'affaissement et les douleurs ont
bien des fois mis à bout mon courage et ma
patience. J'ai donc plus besoin que jamais de vos

prières ainsi que de celles de votre chère communauté. Je vous remercie du fond de mon cœur de
tout ce que vous faites pour votre pauvre ami.
Continuez de lui aider à subir sa passion, car il
est vraiment sur la croix, et obtenez-lui qu'au lieu
de succomber sous le poids de ses angoisses, il
puisse dire, comme saint Paul : *Licet is qui foris
est noster homo corrumpatur, tamen qui intùs
est renovatur de die in diem.* Encore que dans
nous l'homme extérieur se détruise, néanmoins
l'homme intérieur se renouvelle de jour en jour. Tout
est possible à Dieu ; mais les apparences ne me
laissent presque plus d'espoir de guérir. Jeudi
dernier, comme je n'y tenais plus, le médecin
se décida, malgré ses craintes, de me faire une
ponction. Elle réussit très-bien, Dieu aidant ; et il
me sortit du corps un plein seau d'eau. Hé
bien ! le principe du mal est tellement actif que
je suis déjà presque aussi gêné.... »

« Hélas ! mon Dieu, » s'écriait-il plus loin, « il y
a bientôt cinq mois que je ne dis plus la messe et
que je ne puis même y assister ! » Aussi ne man-
quait-il pas, dans toutes ses lettres, de se recommander aux prières de ses confrères, et le 6 septembre, il demandait aux sœurs une neuvaine avant
la fête des Sept-Douleurs ; mais il ne voulait qu'une
courte prière, pour ne point charger la communauté.

Il écrivait à sa famille aussi souvent que ses forces le permettaient. Il consolait ses parents, et les préparait doucement à ne plus le revoir. En même temps, il les exhortait avec une sainte liberté à la pratique des vertus chrétiennes. On sent à chaque ligne le respect et l'affection ; mais on sent aussi l'élévation du prêtre qui parle au bord de sa tombe et qui ne perd jamais de vue la mission et les grandeurs de son sacerdoce.

» Enfin, » écrivait le prêtre déjà cité, « enfin il a plu à Dieu de mettre un terme à la longue agonie de ce pieux abbé Brullon, et de récompenser sa patience, si terriblement exercée depuis dix mois. Comme je te l'ai écrit, il était entre la vie et la mort depuis le nouvel an ; mais la force de sa constitution l'a fait lutter plus longtemps contre le mal qu'on ne l'aurait cru possible. Enfin, hier mercredi, 23 janvier, vers 5 heures du soir, il a rendu paisiblement le dernier soupir.

» Il avait reçu tous ses sacrements, s'attendait à mourir dans la journée, et montrait les dispositions les plus édifiantes. Je l'avais quitté vers deux heures de l'après-midi, en lui promettant de revenir le soir ; mais lorsque je suis arrivé, à 5 heures et demie, il avait déjà quitté ce monde.

« Il m'a chargé d'écrire à ses parents, je vais le faire. Il comptait bien sur tes prières et sur celles de la communauté. Il a conservé toute sa connaissance jusqu'au dernier moment; seulement, le dernier jour, il parlait avec une extrême difficulté et souffrait beaucoup de l'oppression qui a fini par l'étouffer. »

L'abbé Brullon était à peine âgé de 32 ans. Ses obsèques furent honorées par la présence d'un nombre restreint, mais choisi, d'ecclésiastiques et de religieux (1). Il avait à peine eu le temps de se faire connaître par ses talents dans la capitale; mais sa maladie prolongée et sa douce patience l'avaient donné en spectacle à plusieurs, et nulle belle âme qui s'était trouvée en contact avec la sienne, ne pouvait manquer de rendre hommage à cette existence si pure, si franchement dévouée, si joyeuse parmi ses crucifiements.

Il fut enterré au cimetière du Mont-Parnasse, et une humble croix de bois marqua sa sépulture. Mais, comme dernier trait caractéristique, de nouvelles sépultures ont eu lieu ; tout signe a disparu : comme les pauvres, notre ami n'a plus de place, même dans la mort. Précieux membre du Seigneur, sa sépulture ne peut manquer d'être glorieuse; mais ce n'est qu'au revers qui fait face à l'éternité que les Anges en voient les splendeurs : de ce côté-ci, nous ne voyons que l'humilité consommée.

Il y a des saints que Dieu prédestine à la gloire,

(1) L'abbé Darboy, depuis archevêque de Paris, était du nombre.

même dans notre vallée de larmes. Ils ont beau se
cacher, la grâce les révèle; ils fuient le monde,
mais on les suit au désert; ils cherchent le martyre, et trouvent de merveilleuses réussites; ils ne
veulent qu'obéir, et l'autorité leur vient; ils renon-
cent à la famille, et leur lit de mort est entouré
d'affections saintes ; leur vie fut une sépulture anti-
cipée, et quand ils ne sont plus, leurs ossements
attirent les malades et les pauvres, les riches et
les puissants. Les miracles impriment le sceau
d'une splendeur divine sur leurs humbles dévouements, et chacun voit en eux que Dieu sait rendre
au centuple, même dès ce monde, ce que l'on a
sacrifié pour lui.

Cependant où serait le dévouement et le sacrifice si chacun pouvait se dire : « Je choisis le
mépris; mais je sais que, ce soir, l'auréole va resplendir sur ma tête? » Il est donc bon qu'il y ait
aussi un grand nombre d'âmes fidèles que le Seigneur
prend divinement au mot, et pour qui le sacrifice
est une absolue et terrible réalité. Dieu est assez
fort pour les soutenir, assez suave pour les consoler, assez riche pour les dédommager : il a son
éternité pour cela. D'autre part, il est infiniment
sage, et les anéantissements des justes ne sont
jamais un scandale pernicieux et durable. D'ailleurs,
même parmi les plus saints et les plus immolés,
quel est celui qui dira qu'il n'a pas reçu son cen-

tuple en cette vie, dans des mystères de miséricorde et d'amour? Dieu par lui-même dépasse tous
leurs désirs; s'unir à l'amour crucifié en mourant à
tout le reste, est déjà pour eux la plus belle des
récompenses. Comme ils aiment le prochain, ils se
regardent aussi comme amplement payés de tout
sacrifice, pour peu que le flot de la grâce soit aug-
menté dans les veines de l'Église.

La biographie qui vient de nous occuper nous
présente un de ces holocaustes secrets; c'est au
premier coup d'œil une dépense énorme et en pure
perte, de vie et de vertus. Mais si nous y regardons
de près, nous verrons des joies et des récompenses
toutes célestes. Pourrions-nous dire qu'un seul des
pas de notre pèlerin fut perdu pour lui et pour la
terre?.... Nous ne l'oserions pas. Ce que nous pouvons remarquer avec consolation, c'est que plusieurs des désirs de son cœur ont été merveilleusement exaucés. Moins de dix ans devaient se passer,
et presque tous les lieux consignés plus spécialement
dans son journal comme devant être des couvents
et des monastères, et comme ayant reçu à cet effet
l'abondante rosée de sa prière, avaient en réalité
leurs colonies saintes.

Dans notre France, Saint-Maximin et la Sainte-
Baume sont maintenant sous la garde des enfants de
saint Dominique. En Palestine, en dépit des obstacles et des impossibilités, Jérusalem, la désolée Jéru-

11

salem a ses séminaires et ses couvents; Nazareth,
Bethléem et bien d'autres lieux retentissent de
nouveau du chant des Vierges et des récréations
innocentes de l'enfance chrétienne. Cette terre de
destruction qui n'a plus ni vigne ni figuier pour les
joies de la famille ou de l'hospitalité, laisse les filles
de Saint-Vincent, nos sœurs de Saint-Joseph, celles
de Sion et de Nazareth cultiver en paix les jeunes
âmes et guérir les malades. En un sens, cette terre,
sans être délivrée de sa malédiction visible, a
retrouvé *ses lis, ses chemins* et *ses sources d'eaux
vives :* dans *ses repaires des dragons, elle a vu
renaître la verdure et les roseaux parfumés.*

Les filles spirituelles que le P. Brullon eût aimé
surtout à installer près du saint Sépulcre et du Calvaire, n'y sont que de cœur; mais leur part dans
la stratégie sacrée n'est point à mépriser. Dans
cette capitale infidèle qui venait d'envoyer à grands
frais à Jérusalem une pompeuse stérilité, dans la
personne d'un prélat anglican, les Sœurs de Cuves
s'établissaient en 1852, et leur pauvreté rassemblait
bientôt autour d'elles plus de milliers d'enfants que
l'évêque Gobat ni l'évêque Alexandre n'achetèrent
de prosélytes au poids de l'or.

Les bénédictions que le Seigneur a répandues
par les paroles et les exemples de son serviteur,
sont le secret de Dieu; quant au reste de ses
œuvres, on peut en dire ce que de Maistre a dit

des Croisades : aucune n'a réussi, et toutes ont réussi. Il suffit que ceux qu'il a aimés sur la terre soient bénis, et que la grâce de Dieu justifie finalement le choix de ses affections.

Consolez-vous donc, âmes cachées, vous toutes dont Dieu seul voit les immolations, vous toutes dont lui seul entend la prière, pauvres serviteurs inutiles, vous ne pouvez gagner le monde comme vous l'auriez voulu; il suffit à Jésus que vous gardiez d'abord votre âme. Que nous importe le monde et ses succès, si nous mourons dans le saint amour? O Seigneur, il suffit que nous n'ayons pas d'autre volonté que la vôtre... il suffit que vous le sachiez, vous, votre sainte Mère, vos anges et vos saints.

Et cependant bénissez ceux que vous nous avez donnés comme les compagnons de nos travaux et de nos agonies; bénissez ceux que vous voudrez nous donner encore, dans les merveilleuses filiations de votre grâce!

FIN

TABLE DES MATIÈRES

	Pages.
Au Lecteur	5
CHAPITRE Ier. — Enfance et premières épreuves ...	7
— II. — Le petit séminariste	22
— III. — Le grand séminaire.............	43
— IV. — La cure de Cuves...............	55
— V. — Le pèlerinage........	71
— VI. — Rome et Lorette...............	87
— VII. — En route pour Jérusalem	111
— VIII. — Jérusalem....................	135
— IX. — Retour en France..........	159
— X. — Le terme après le pèlerinage.....	171

334. — Imprimerie des Apprentis catholiques. — Roussel.
40, rue La Fontaine, Paris-Auteuil.

OUVRAGES DU MÊME AUTEUR :

UNION DE MARIE AU FIDÈLE ET DU FIDÈLE A MARIE, 1 vol. in-12, chez Sarlit... 2 fr. 50

PIÉTÉ ENVERS L'ÉGLISE, 1 vol. in-12, chez lemême........................... 2 50

CHEMINS DE CROIX DE LA COMPASSION, in-32, chez le même.............. » 50

GUIRLANDES DE MAI, 1 vol. in-12, aux bureaux de la *Terre Sainte*, 12, rue Vavin 1 50

MAY-CHAPLET, traduit des GUIRLANDES, 1 vol., chez Burns et Oates, à Londres. 3 sh. 6 d.

Les mêmes chants en musique, par Schulthes 3 livraisons, chez Novello, à Londres...................... 3 »

VIE DE LA MÈRE MARIE DE SIMONY, 1 vol. in-12, chez Grou.................. 1 »

LE POSSUMUS LIBÉRAL, ou UNE SÉANCE DE L'ANTICONCILE DE MONACO, 60 pages in-16, chez Palmé.................. » 50

VIE ET LETTRES du R. P. Faber, traduites de l'anglais, avec introduction, 2 vol. in-12, chez le même.............. 6 »

LIEUX SAINTS AUTHENTIQUES ET INVIOLABLES, 1 vol. in-12, chez le même... 2 50

HOLY PLACES ; their sanctity et authenticity, 1 vol. in-12, chez Washbourne, à Londres...................... 6 sh. »

CONTES ANGÉLIQUES, traduits du P. Faber, 1 vol., chez Lefort.................. 1 »

QUESTIONS ÉGYPTO-BIBLIQUES, 1 vol. in-8° chez Haton................... » »

—Tous ces ouvrages se trouvent aussi à la librairie de la Terre Sainte, 12, rue Vavin.

Paris-Auteuil. — Imp. des Apprentis catholiques. — ROUSSEL. 40, rue La Fontaine.

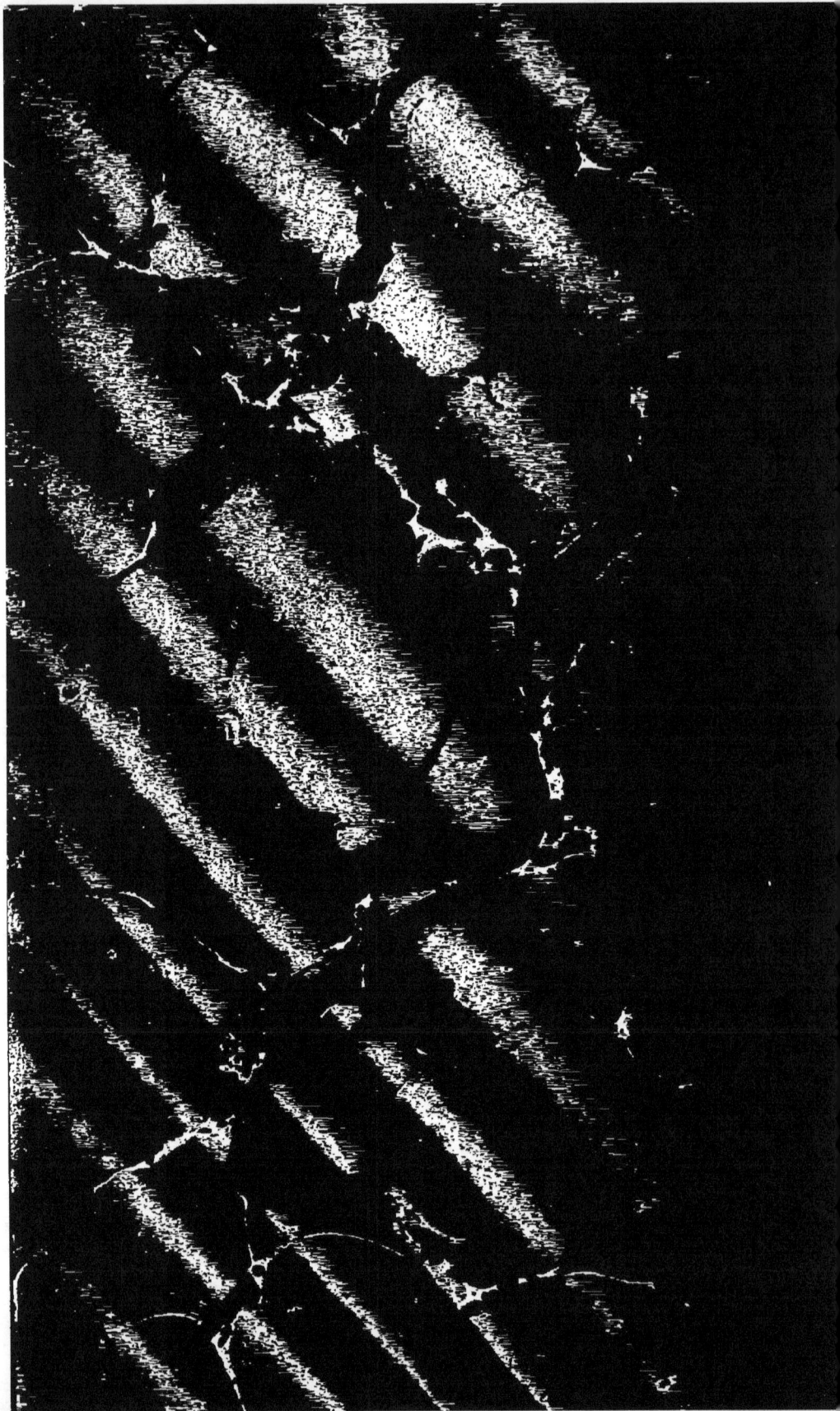

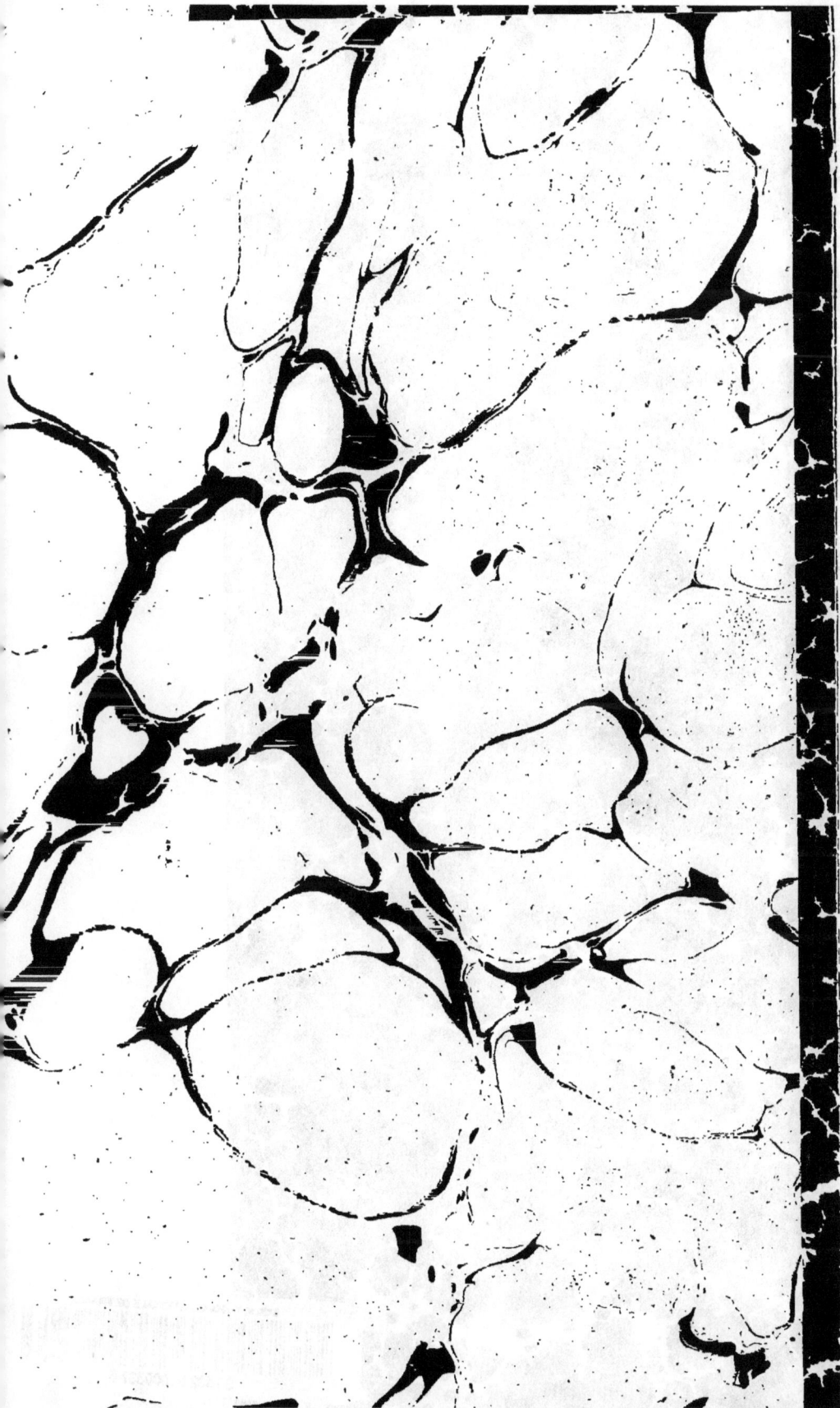

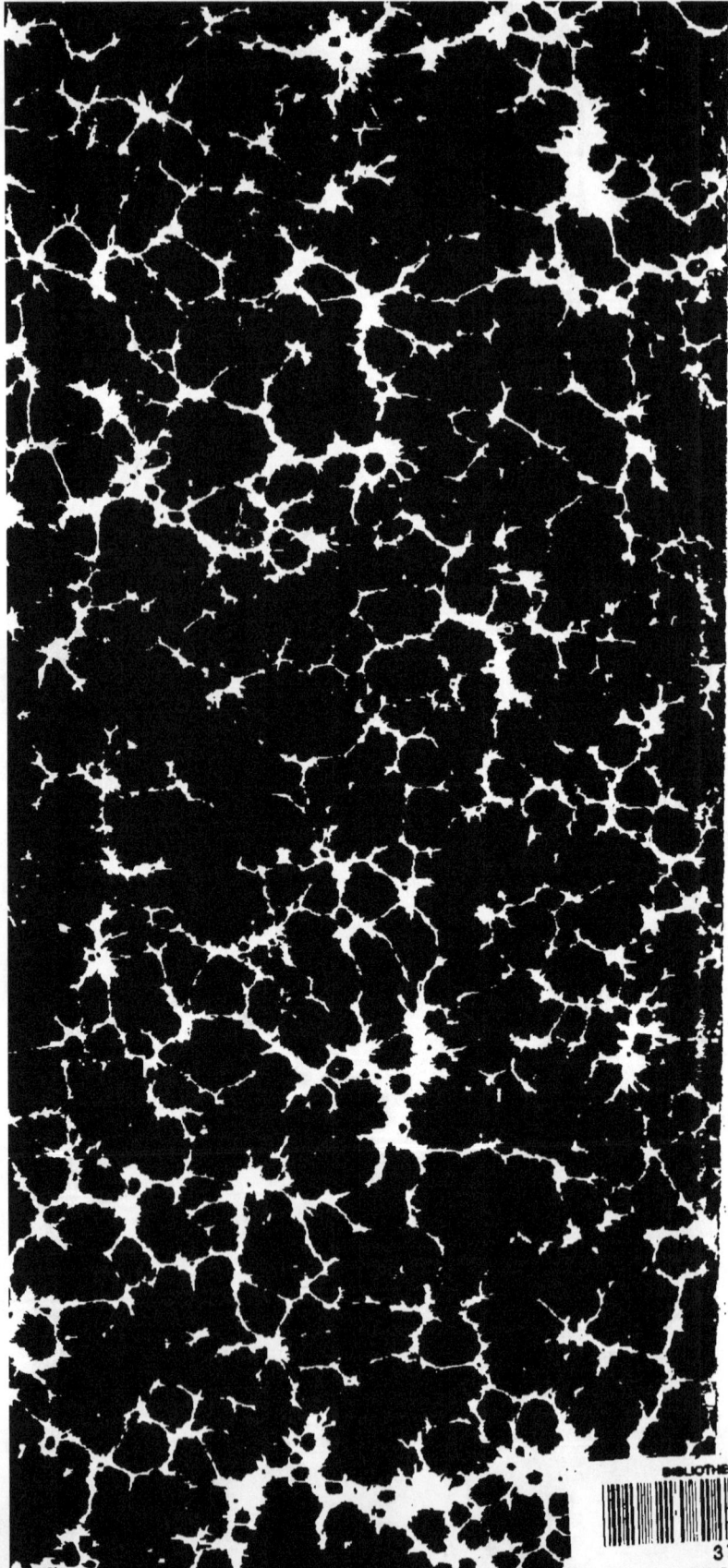

www.ingramcontent.com/pod-product-compliance
Lightning Source LLC
Chambersburg PA
CBHW072001090426
42740CB00011B/2043